Plan B / 3

# Martin Koroscha

Ort & Raum | *Place & Space*

Herausgegeben von Christopher Schroer
Texte von Rainer Beßling, Bärbel Schönbohm und
Gernot Wilberg

DIE NEUE SACHLICHKEIT

Mein besonderer Dank an Marlies, Lea und Aaron, Ursula und Sebastièn, Frank und Barbara, Jochen, den Autoren, Christopher, Angelika und Klaus Plückebaum, Annemie, Laila, Johann und die vielen Freund/innen, Schüler/innen und Kollegen und Kolleginnen für ihre vielfältige Unterstützung und Kritik.

Diese Publikation entstand
mit freundlicher Unterstützung durch:

artgenossen gmbh, Lindlar
Galerie am Stall, Hude
Galerie Stewner, Lübeck

## Inhalt | Contents

## TetraPack 2.0

Aus der Rede von Dr. Rainer Beßling vom 27.02.2009 anlässlich der Ausstellungseröffnung in der Galerie N, Nienburg.

In den kühl anmutenden Bildern Martin Koroschas sucht man Menschen vergebens. In der meist reduzierten geradlinigen Strichführung und Flächigkeit dieser Landschaften wirkt alles konstruiert. Die Ansichten erscheinen wie ein Reißbrettprodukt, man vermutet ihre Herkunft aus einem Computerprogramm. Die einzelnen Elemente sehen aus als seien sie aus Musterordnern gezogen und zu Modell-Topographien zusammen gefügt worden. Doch was wie ein digitales Produkt anmutet, ist analoge Fertigung. Und kommt man den Landschaften und Architekturen näher, präsentieren sie sich immer lebendiger. Koroschas vermeintlich klare Bildwelt ist voller Brüche, und die oberflächlich starren Bauten kommen in Bewegung.

Die Blicke des Künstlers auf Felder, Häuser, Plätze und Straßen sind nicht ‚gesehene' Impressionen, sondern universelle Vorstellungen von Landschaften, Typisierungen und Idealisierungen, man könnte auch sagen Klischees in der weitest möglichen Bedeutung dieses schillernden Begriffs – nicht per se negativ konnotiert, sondern Abziehbilder, die wie Scharniere zwischen unterschiedlichste Landschaftsauffassungen greifen und gerade über ihre Formenhaftigkeit an die Wahrnehmungsleistung des Betrachters appellieren. Wir sind aufgefordert, diese Idealbilder mit unserer Erfahrung und Imagination abzugleichen.

Die Blicke fallen bei Koroschas Bildern in der Regel von Innenräumen in die Landschaft; Interieur und Außenraum werden dadurch miteinander verschweißt. Hierin ließe sich schon ein Verweis auf die Entstehung der Bilder zwischen Imagination und Eindruck sehen. Die durch die Flächigkeit der Bilder weggenommene Raumtiefe holt der Künstler durch neue imaginäre Fluchtpunkte zurück ins Bild. Diese unterstreichen allerdings den Konstruktionscharakter der Landschaften umso mehr.

Ein besonderer Reiz von Martin Koroschas Arbeiten, deren Bildsprache sich schnell einprägt, liegt darin, dass man ihnen Entwurfscharakter und Künstlichkeit ansieht und sich doch an bestimmte, gesehene Landschaften wie auch künstlerische Landschaftsbilder erinnert fühlt. Das Pendel zwischen Individualität und Typisierung schlägt nie ganz zu einer Seite aus. Auch das Konstruktive wird durch organische Elemente abgefedert, Architektur und Landschaft wachsen zusammen, Bäume und Häuser treten in verwandter Gestalt auf. Und gerade die Farbbrüche in ihrer artifiziellen Tonigkeit binden die Bildelemente wie in einer naiv harmonischen Puppenstubenwelt zusammen. Da ist auch der imaginäre Mensch, der diese Landschaften und Architekturen belebt und durchwandert nicht weit. In ihrer Cartoonhaftigkeit gewinnen die Arbeiten Koroschas etwas Leichtes, Unaufdringliches, Unaufgeregtes. Mit ihrem charmanten Witz und ihrer angenehmen Beiläufigkeit setzen sie aber vielleicht umso mehr Assoziationspotential und Reflektionsbereitschaft frei. Und am Ende sind diese Bilder gar nicht mehr so kühl und menschenleer sondern in ihrem Entwurfscharakter voll von Utopie und Hoffnung auf Gestaltung der Lebenswelt. Auf diesen überzeichneten Grenzstreifen zwischen Wunsch und Wirklichkeit, wird das Spiel mit neuen medialen Möglichkeiten für alte Wünsche, wird das Denken in Modulen als Quelle für ganzheitliche Entwürfe zum Thema gemacht.

Martin Koroschas Bilder suggerieren Sachlichkeit, gaukeln Klarheit vor und sind doch tendenziell surreal. Vor allem bleiben sie immer Bild und scheinen sich über solche Kunst lustig zu machen, die im Abbild eine Annäherung an die Vorstellung sehen, die allein das Wesen der Dinge ausmacht.

## TetraPack 2.0

Excerpt from the speech of Dr. Rainer Beßling on the occasion of the opening of the exhibition at Galerie N, Nienburg on February 27, 2009.

Martin Koroscha's seemingly cool paintings are devoid of people. Everything in his rather reduced straight-lined landscapes seems constructed. His views appear like images straight from the drawing board or as if computer-generated. The individual elements seem to be pulled straight from a sample book and assembled to model topographies. But what looks as if produced digitally is actually analogue fabrication. A closer look at the landscapes and architecture reveals that they are much more vivid than they seem. Koroscha's assumedly clear image world is full of disruptions, and the superficially rigid buildings begin to move.

The artist's views of fields and houses as well as plazas and streets are not based on actual impressions but rather on universal concepts, standardizations, and idealizations of landscapes; one might say clichés to the widest extent possible of the dazzling term—no negative connotations but transfer pictures that combine the most diverse concepts of landscapes and appeal to the viewer's perception through their reduced form. We are invited to compare these ideal images with our experience and with our imagination.

In Koroscha's paintings the viewer looks as a rule from an interior into the landscape whereby the interior and exterior space merge. This could be seen as an indication that the origin of the images lies between imagination and impression.

The artist corrects the missing depths of the landscapes resulting from their two-dimensionality by creating new imaginary vanishing points, which further enhance their constructed character.

One special appeal of Martin Koroscha's work, whose pictorial language easily imprints itself onto one's memory, lies in its conceptual character and artificiality. The balance between individuality and typification is never one-sided: the constructive is being cushioned through organic elements; architecture and landscape merge, trees and houses appear in familiar form. And it is especially the color breaks in their artificial hues that hold the pictures together like in an imaginary dollhouse world. And not far away is the imaginary human being that walks through these landscapes and architecture. Almost like cartoons, Koroscha's works are light, discreet, and undemonstrative. With their charming wit and pleasant casualness they perhaps release more potential for association and readiness for the viewer's response. And in the end, these cool pictures devoid of people are no longer so cool but in their conceptual character full of utopian ideals and hope in the attempt to design the living environment. On this oversubscribed interface between desire and reality he thematizes playing with new media possibilities for old desires and thinking in modules as a source for integral design.

Martin Koroscha's paintings suggest objectivity, imply clarity yet incline toward the surreal. Mostly, the images seem to poke fun at representational art that sees in its effigy an approximation of the idea, which solely accounts for the essence of things.

# Camouflage

Aus der Eröffnungsrede von Bärbel Schönbohm, Kunsthistorikerin, anlässlich der Ausstellung in der Galerie am Stall, Hude, am 30.01.2011.

Martin Koroscha konstruiert auf der Leinwand eine neue, eine virtuelle Welt, ohne jedoch auf die Möglichkeiten des Computers zurückzugreifen. Seine Raumillusionen sind reine Handarbeit. Beim genauen Hinsehen können Sie vereinzelt noch die Bleistiftstriche der Vorzeichnung erkennen. Koroscha kombiniert Landschaftsausschnitte mit Architekturelementen und überzeichnet die Perspektive. Das Verhältnis von Innenraum und Außenraum ist das eigentliche Thema seiner Arbeiten. Ihm geht es um Einblicke und Ausblicke. Die einzelnen Bildflächen scheinen wie ausgeschnitten und auf den Bildgrund montiert zu sein. Koroscha lässt eine schattenlose Welt entstehen, in der auch die unterschiedlichen Stofflichkeiten der Materialien keine Rolle mehr spielen. Ob Beton, Erdboden oder Himmel, die Unterschiede werden mit dem Farbauftrag eliminiert. Wir haben es mit einer geglätteten, strukturlosen Welt zu tun. Lediglich bei den Tannen, die seine Bildräume bevölkern, macht Koroscha eine Ausnahme – hier lässt sich der Pinselduktus erkennen, doch dieser scheint fälschlicherweise weniger analogen als digitalen Ursprungs zu sein. Koroschas Bildwelten wirken zeitlos, nichts bewegt sich, nichts passiert. Angehaltene Welt – menschenleere Welt. Ist Ihnen aufgefallen, dass wir in keinem seiner Werke auf Menschen oder auch auf Tiere treffen? Kein Vogel am Himmel, kein spielendes Kind, nicht ein einziges winziges Insekt belebt die Szenerie. Da gibt es nur Flächen, die aneinandergesetzt sind ohne jede Form von Individualität. Vielleicht fühlten auch Sie sich anfangs an die Werke des Amerikaners Edward Hopper erinnert... Doch schnell werden die Unterschiede deutlich: Hopper psychologisiert, Koroscha vermeidet genau dieses. Hoppers Landschaften sind Projektionsflächen für unsere Sehnsucht nach dem amerikanischen Way-of-Life. Koroschas Landschaften haben Modellcharakter, sie wirken bewusst künstlich, nicht real. Auch der britische Künstler David Hockney und seine kühlen Impressionen, wie z.B. *A Bigger Splash* (1967) kamen mir beim Betrachten der Werke Koroschas in den Sinn. Beiden ist die glatte und unwirkliche Atmosphäre gemein. Koroscha jedoch gelingt es, diese Unwirklichkeit noch zu steigern. Schwerelos schweben bei ihm Kuben durch den Raum, jeglichen Wirklichkeitsbezuges beraubt. Ist das noch Architektur oder ist es Geometrie?

Koroscha schafft surreale Welten. In einem Gespräch hat er mir gegenüber einmal die Aufgabe, die er selbst sich stellt, so formuliert: Wie kann ich Landschaft bearbeiten, dass bei möglichst größter Reduzierung doch noch ein Wiedererkennungswert bestehen bleibt.

Martin Koroscha reizt die Möglichkeiten der Reduzierung aus, er spielt mit ihnen auf immer wieder neue, auf vielfältige Weise. Die Wahl seines Formats, die des Quadrats, betont noch einmal mehr den konstruktiven Charakter seiner Arbeiten.

# Camouflage

Excerpt from the opening speech by art historian Bärbel Schönbohm on the occasion of the exhibition at the Galerie am Stall, Hude on January 30, 2011.

Martin Koroscha constructs a new, virtual world on canvas without resorting to the option of the computer. His illusionary spaces are pure handwork. On closer inspection, one can detect occasional pencil lines from the preliminary sketch. Koroscha combines segments of landscapes with architectural elements and overlays the perspective. The relationship between interior and exterior space is the actual theme of his work. He is concerned with insights and outlooks. The individual picture surfaces appear as cut-outs mounted on the picture support. Thus he creates a world without shadows in which even the materiality of the various materials no longer plays a role. Whether concrete, the earth or the sky, the differences are eliminated in the color application. We are faced with a smoothed world without structure. Only the pine trees, which populate his picture spaces are an exception—here Koroscha reveals the brush stroke, which seems misleadingly less of analogue than digital origin. Koroscha's picture worlds appear timeless, nothing moves, nothing happens. A stalled, deserted world. In none of his works do we find humans or animals. No bird in the sky, no playing child, not a single insect enlivens the scenery. There are only surfaces put together without any kind of individuality. Perhaps you, too, were reminded of the works of the American artist Edward Hopper. But the differences are also immediately clear:

14   Hopper psychologizes, Koroscha avoids exactly that. Hopper's landscapes are projection surfaces for our longings for the American Way-of-Life. Koroscha's landscapes have model character; they appear deliberately artificial, unreal. Also the British artist David Hockney and his cool impressions like for instance *A Bigger Splash* (1967) came to mind while I was looking at Koroscha's paintings. They both share a smooth and unreal atmosphere. Koroscha, however, enhances this unreality even further. Cubes are suspended weightlessly in space devoid of any relation to reality. Is this still architecture or is it geometry?

Koroscha creates surreal worlds. In a conversation he once formulated the task that he sets himself as follows: How can I change a landscape that with the greatest possible degree of reduction while allowing it to remain recognizable.

Martin Koroscha exhausts the possibilities of reduction; he plays with them constantly in new and varied ways. The choice of his format, the square, additionally underlines the constructive character of his works.

# Raumfindungen

Aus der Rede von Gernot Wilberg, Künstler und Autor, am 7. März 2010 anlässlich der Ausstellung in der Produzentengalerie kunstbox, Bremen.

Martin Koroscha inszeniert seine Bildideen innerhalb der Begrenztheit quadratischer Bildflächen. Die räumliche Tiefe und Weite, die seine Bilder dennoch auszeichnet, ist virtuell. Koroscha erfindet den Raum, den er sucht, ganz frei nach seinem Gusto, in dem er eine großartige Entdeckung der Renaissancekünstler für sich nutzbar macht, nämlich die der Zentralperspektive. Von dieser Möglichkeit macht Koroscha ausgiebig Gebrauch. Seine Motive stellen meist eine Synthese aus weiten, offenen Landschaftsräumen dar, in Korrespondenz mit architektonischen Räumen bzw. architektonischen Elementen. Die Landschaften werden mit einer reduzierten Formensprache dargestellt, plakativ vereinfacht und überwiegend in freundlichen Pastellfarben wiedergegeben. Organische und geometrische Formen treten dabei in einen spannungsreichen Kontrast. Die Landschaften scheinen liebevoll von Menschenhand gestaltet und gepflegt zu sein. Sie erinnern an die Landschaft und Architektur der Kykladen in der Ägäis, mit ihren kubischen, weiß gekalkten Häusern und Höfen und mit reizvollen Ausblicken auf das Mittelmeer und die Inseln. Verschiedentlich lassen die Szenerien jedoch auch an Situationen im Allgäu denken. In diesen Bildern sehe ich einen Bezug zu dem Buch des tschechischen Schriftstellers Milan Kundera: *Die unerträgliche Leichtigkeit des Seins*. Allerdings kann die Leichtigkeit des Seins, uns Menschen sowohl beglücken als auch beunruhigen. Es bedarf großer Anstrengung und großen Könnens, um Bilder zu schaffen, die so von Leichtigkeit getragen zu sein scheinen. Tatsächlich geben die lapidare Formensprache und die überwiegend kühlen Farbklänge, Koroschas Bildern eine erfrischende, heitere Würze, wie die eines Pfefferminzbonbons. Das dürfen Sie ruhig genießen und sich auf der Zunge zergehen lassen.

Sicherlich ganz bewusst und absichtlich, unterlässt Koroscha es, in seine Raumfindungen auch Menschen und Tiere einzubeziehen. Diese Räume zu betreten, ist allein dem Bildbetrachter oder der Bildbetrachterin vorbehalten. Mit diesen Bildern bietet er uns an, einen idealen Raum zu finden, einen der hell, leuchtend, rein und ruhig ist. Er bietet uns Geborgenheit, ohne uns zu beengen. In ihm können wir zur Ruhe kommen und still werden, dürfen wir endlich zu uns selbst kommen und uns selbst finden. Wer damit wenig Erfahrung hat weiß allerdings, dass die Selbstbegegnung in der Stille nicht nur das Gefühl von Gelassenheit vermittelt, sondern mitunter durchaus auch etwas Beunruhigendes haben kann, etwas mit dem man sich allerdings nach und nach vertraut machen kann: Merkwürdigerweise segeln hier große Steinquader durch den Himmelsraum, ja sogar zimmerartige Gebilde. Die Schwerkraft scheint partiell aufgehoben zu sein. Der Künstler lässt es offen, ob sich hier Gebäudestrukturen aufheben und dabei auflösen wollen, oder ob gerade verschiedene Bauelemente schwerelos zu ihrem Bestimmungsort heranschweben, um sich dort mit anderen Gebäudeelementen zu verbinden und sinnig auf dem Boden abzusetzen.

Von Alters her haben die Menschen sich ihre Götter als Wesen vorgestellt, die von der Schwere befreit sind. Der religiöse Himmel mit seinen Göttern und Engeln schwebt schwerelos über uns. Für mein Gefühl eignet Koroschas Bildern etwas festlich Spirituelles, etwas überzeitlich Heiteres, nach dem wir hin und wieder eine starke Sehnsucht in uns tragen. Koroscha erinnert uns an und weckt diese Sehnsucht in uns zu neuem Leben!

## *Raumfindungen*

Excerpt from the speech of artist and author, Gernot Wilberg, on the occasion of the opening of the exhibition at Produzentengalerie Kunstbox, Bremen on March 7, 2010.

Martin Koroscha stages his pictorial ideas within the limitations of square picture surfaces. The spatial depth and width, which distinguishes his painting, is virtual space. He invents it by implementing a superb discovery of Renaissance art: central perspective. Koroscha amply applies this concept. For the most part, his motifs are a synthesis of wide-open landscapes and architectural spaces or elements. In his landscapes he uses a reduced, strikingly simple language of form and predominantly friendly pastel colors. Organic and geometric forms create an exciting contrast. The landscapes appear as though shaped and cultivated by a caring human hand. With whitewashed houses and courtyards and spectacular views of the Mediterranean Sea, they are reminiscent of the landscape and architecture of the Cycladic Islands in the Aegean Sea. Occasionally his scenes are reminiscent of the landscapes of the Allgäu in southern Germany. Looking at these paintings, the Czech author Milan Kundera's novel *The Unbearable Lightness of Being* comes to mind. This lightness of being can make humans both happy and concerned. It takes great effort and talent to create paintings of such lightness. The succinct forms and the predominantly cool color hues give Koroscha's paintings an exhilarating yet serene zest—like a peppermint candy which you can relish and savor. Deliberately and with intent, Koroscha refrains from including people and animals in his spaces; the right to include them is reserved for the viewer only. In these paintings Koroscha offers us an ideal space — a space that is bright, pure and calm, a space that provides a feeling of security without being stifling, a space where we can become quiet, still and find ourselves; those of us who have little experience with this know however, that facing oneself in silence does not always provide a sense of equanimity. It can also stir up things that are disturbing with which one can in time become more familiar. It is strange, seeing large ashlars and room-like structures sail through the firmament. Gravity seems to have been partially cancelled out. The artist leaves open whether building structures are annihilated and thereby dissolved or whether various building elements are weightlessly floating to the point of their destination in order to combine with other building elements to expediently touch down on the ground.

From time out of mind, humans have imagined their gods as weightless creatures. The religious firmament with its gods and angels floats weightlessly above. Koroscha's paintings express celebratory spirituality, eternal serenity for which we long from time to time. Koroscha reminds us of this, at the same time arousing in us a yearning for a new life!

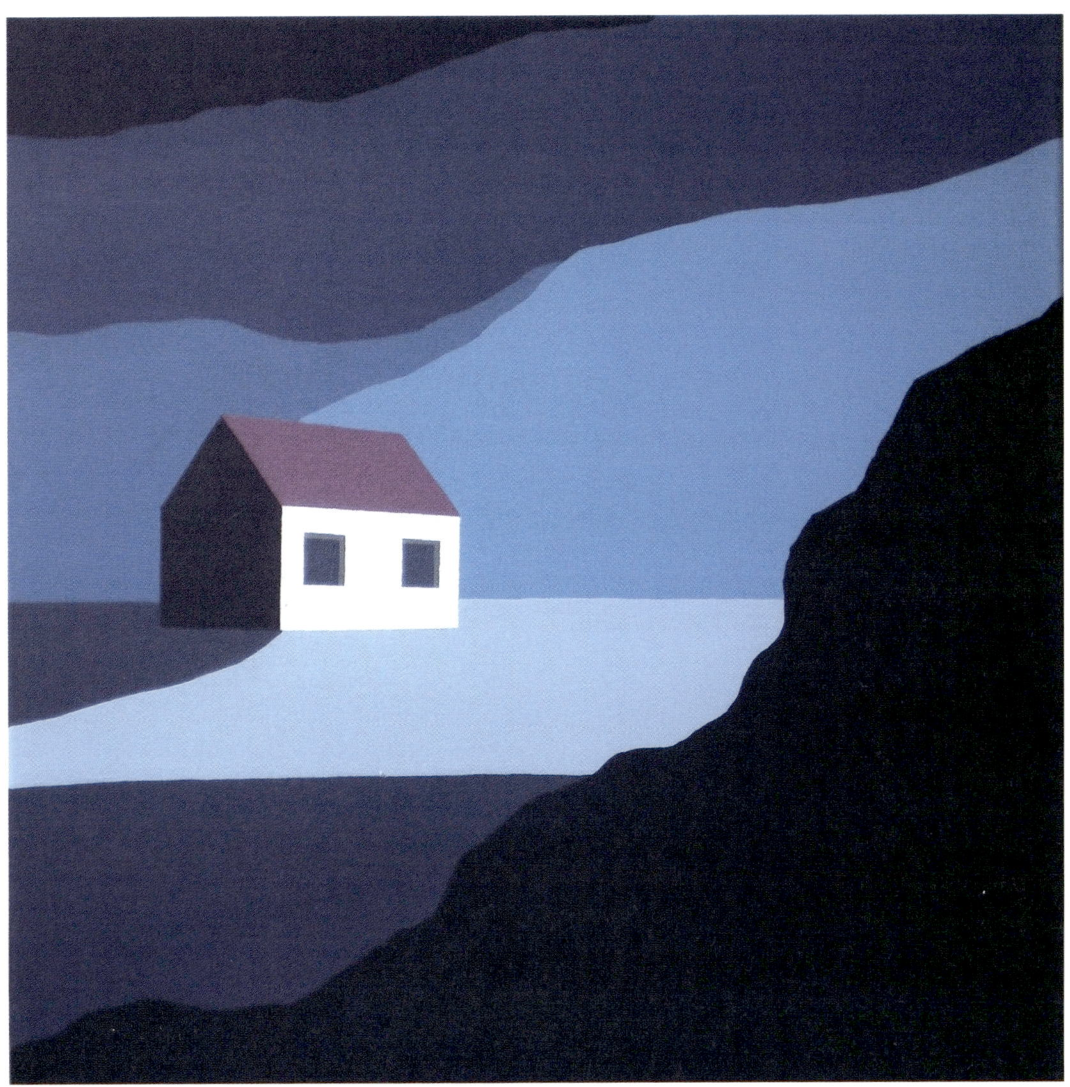

7.08II – Acryl auf Baumwolle, 60 x 60 cm, 2008

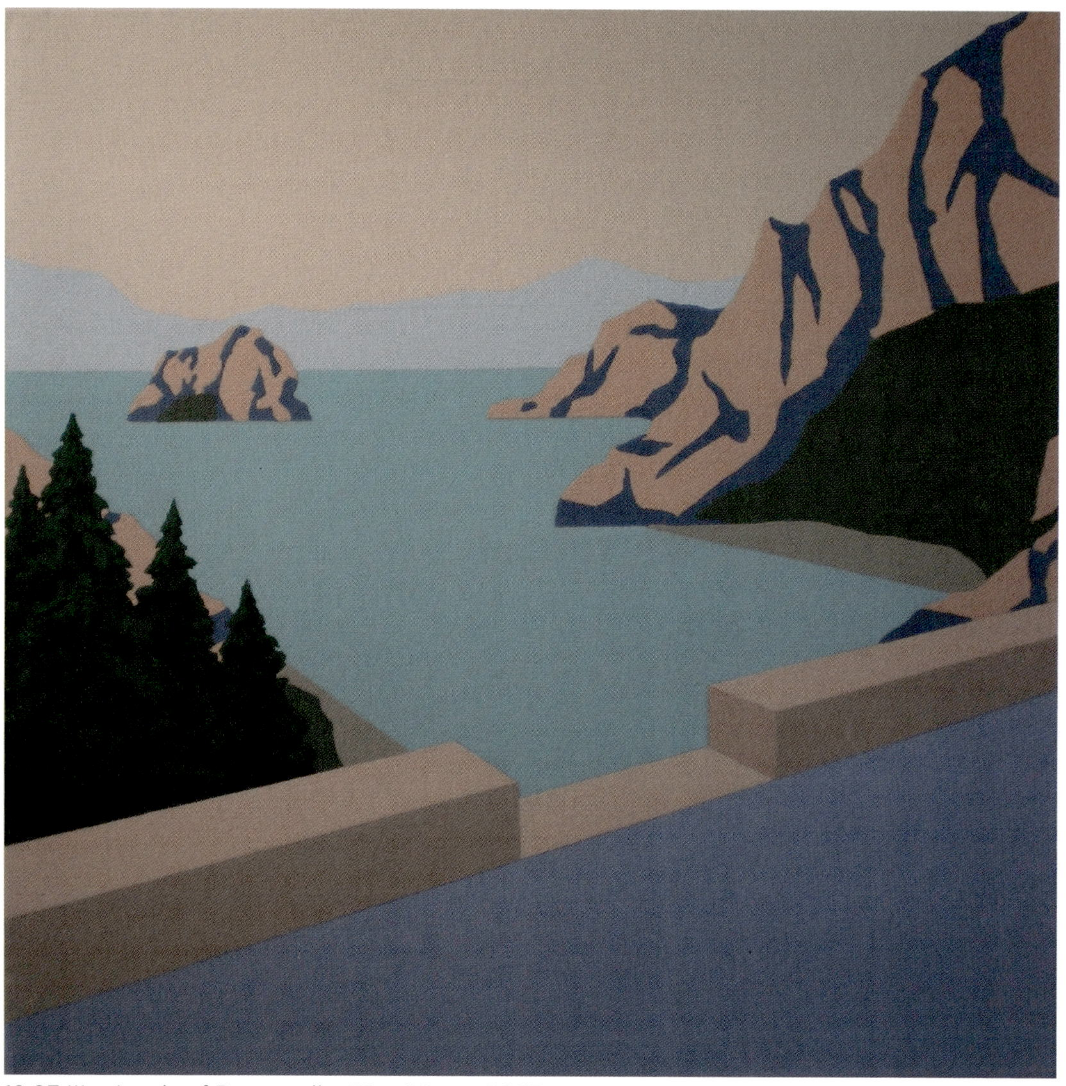

12.07 III – Acryl auf Baumwolle, 50 x 50 cm, 2007

» 12.07 II, 1.08 I, 3.08 III
» 4.08 II, 4.08 III, 4.08 IV
» 4.08 I, 5.08 I, 5.08 II
» 5.08 III, 5.08 IV, 11.08 I
» alle Acryl auf Baumwolle, unterschiedliche Formate, 2007/2008

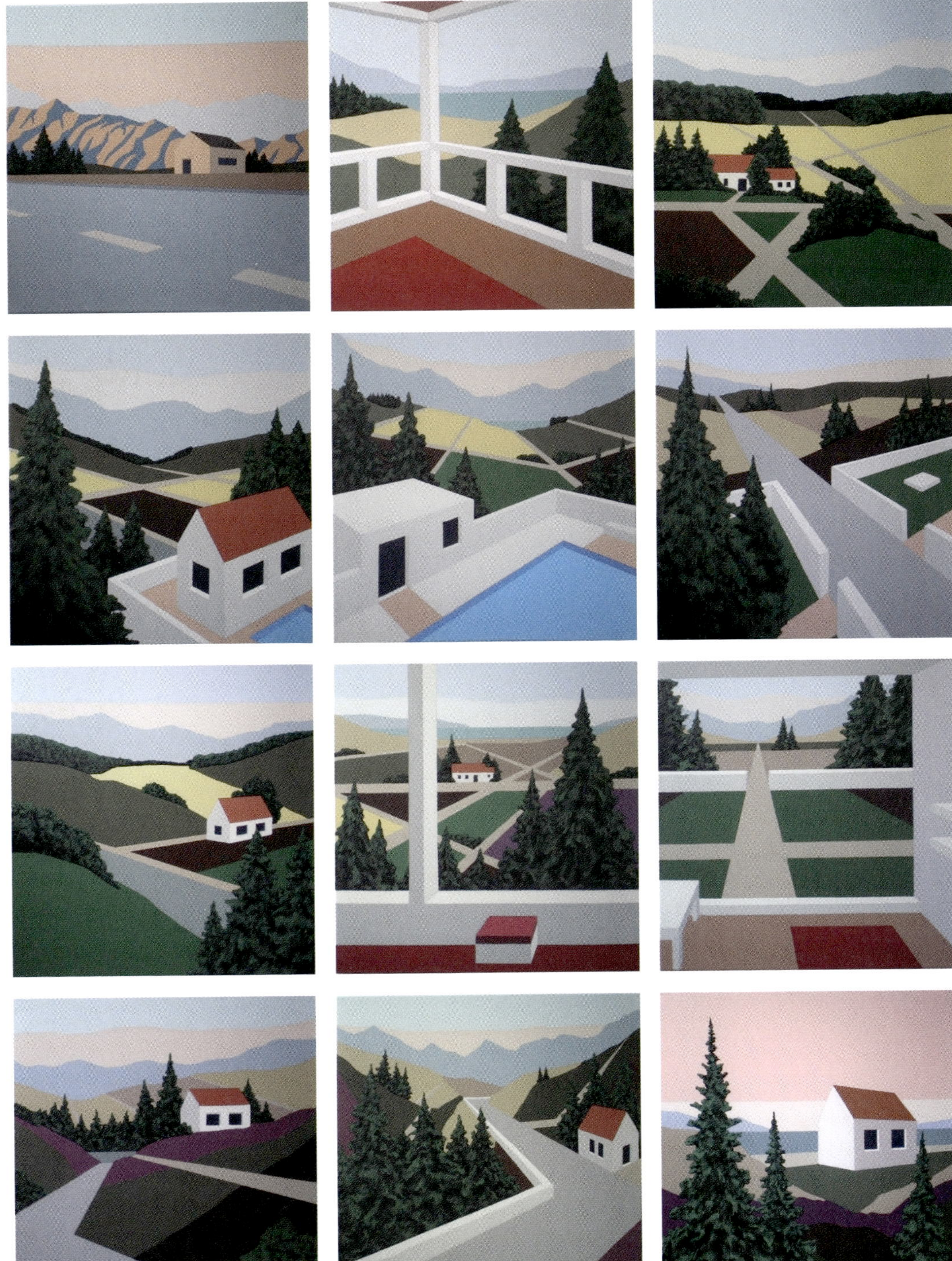

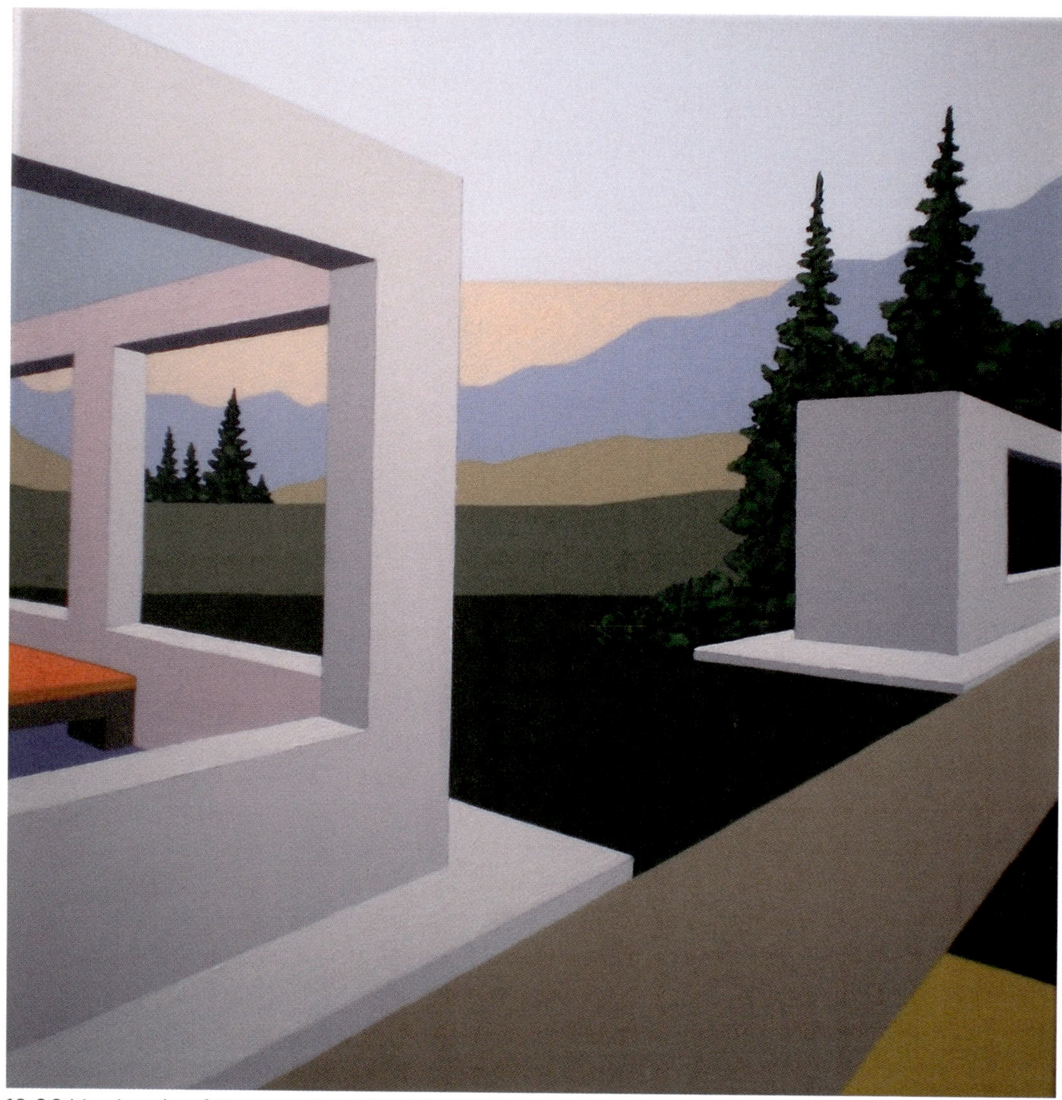

12.08 V – Acryl auf Baumwolle, 60 x 60 cm, 2008

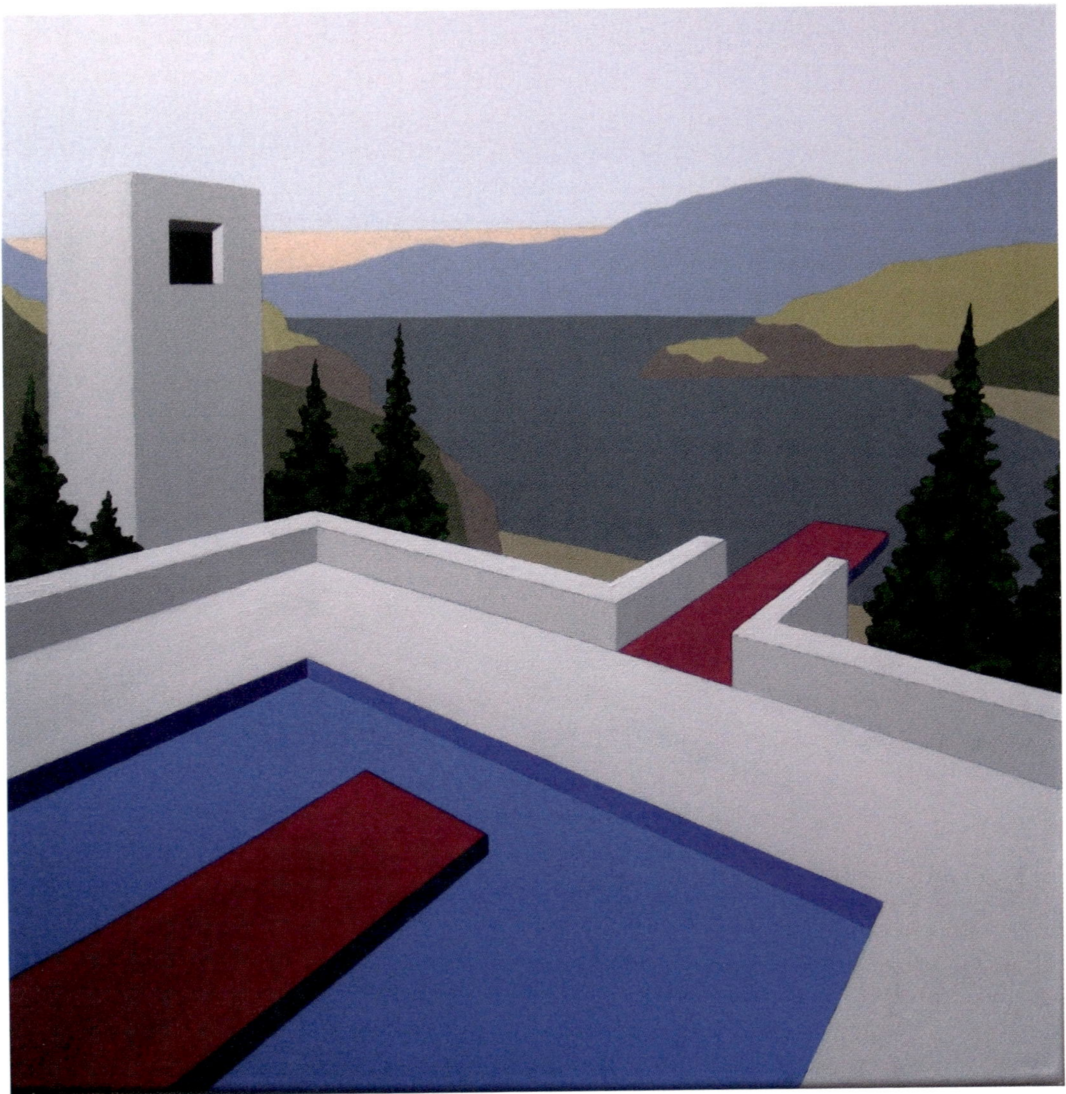

12.08 VII – Acryl auf Baumwolle, 60 x 60 cm, 2008

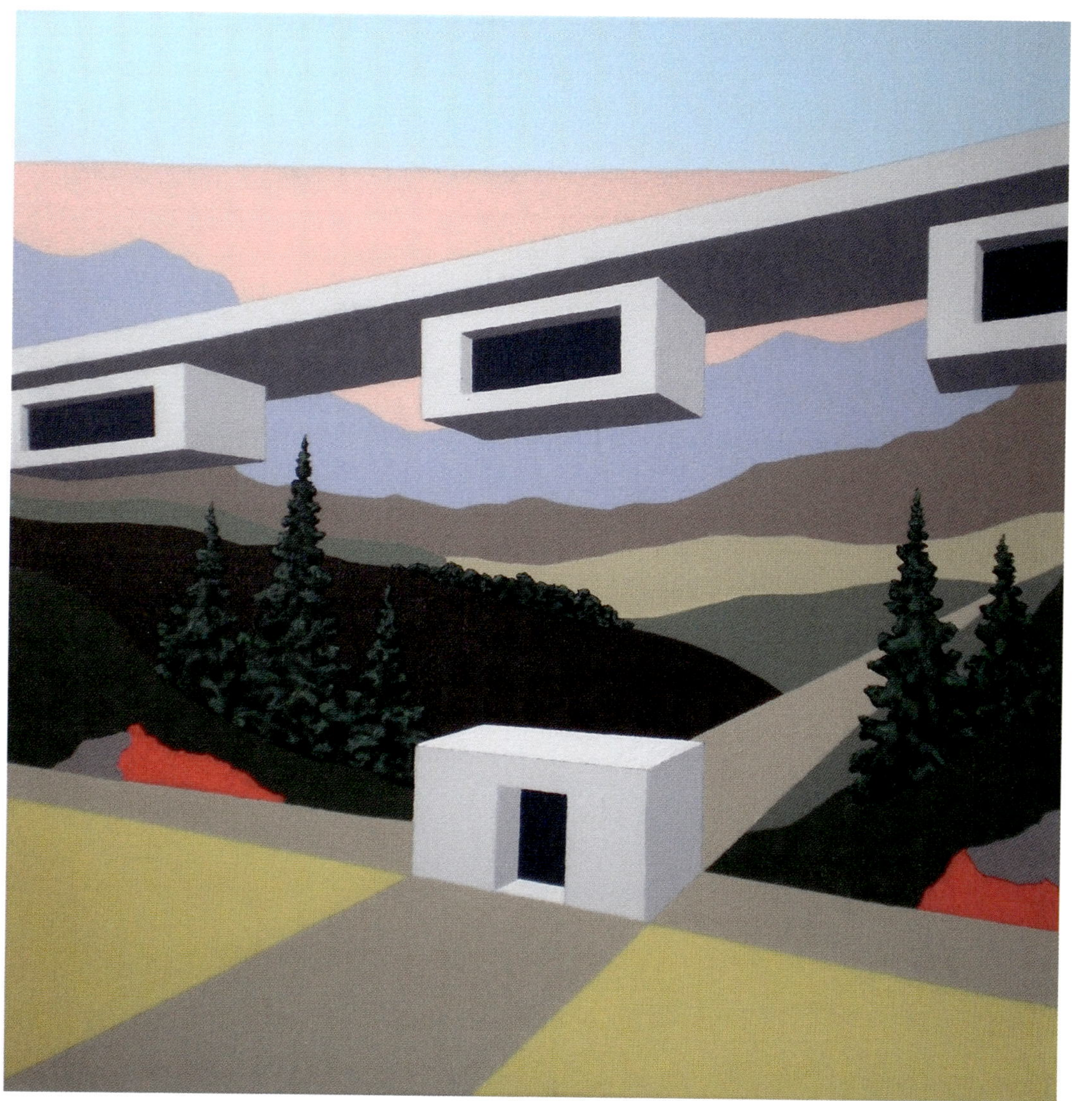



12.08 III – Acryl auf Baumwolle, 60 x 60 cm, 2008

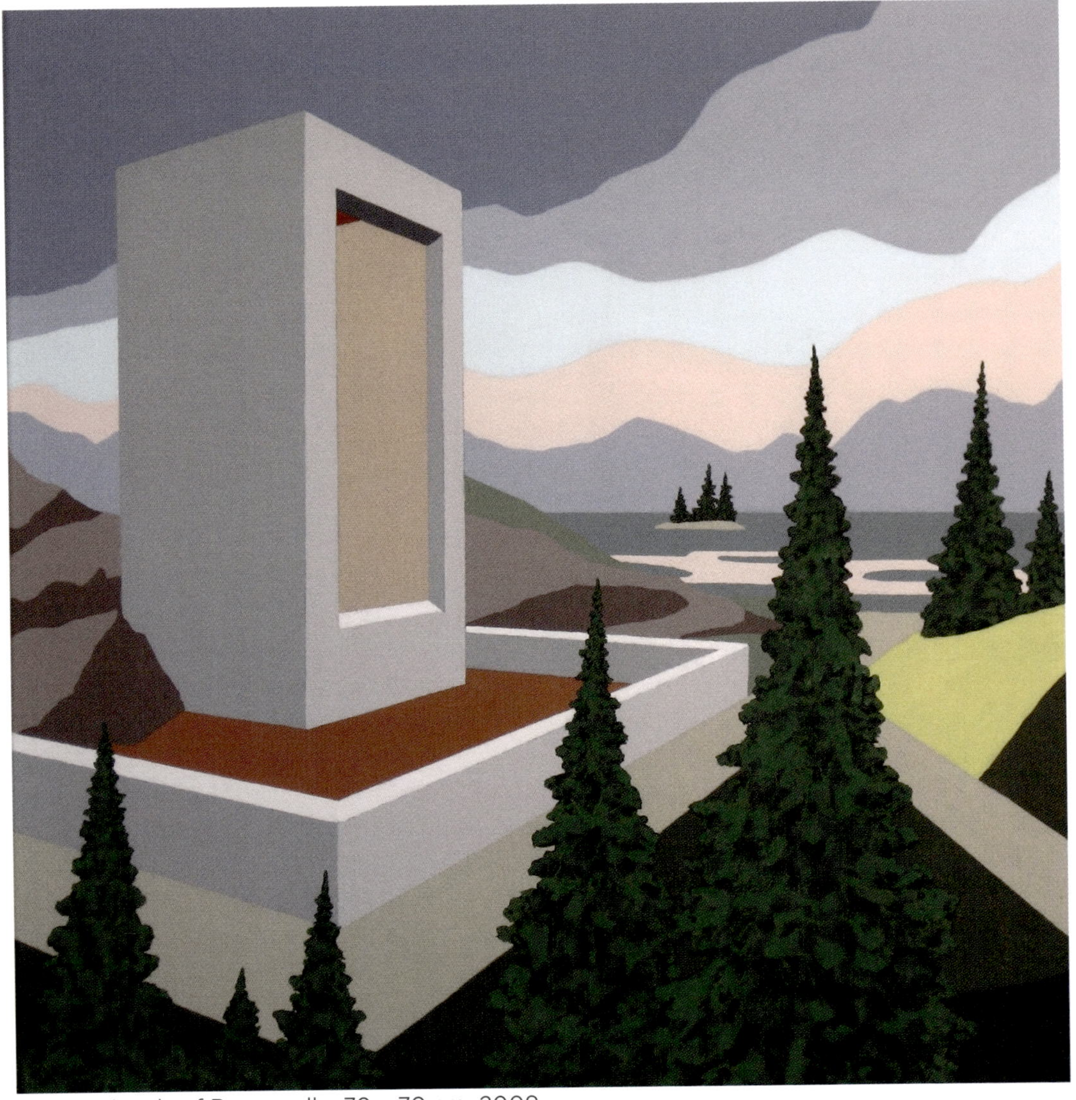



4.09 I – Acryl auf Baumwolle, 70 x 70 cm, 2009

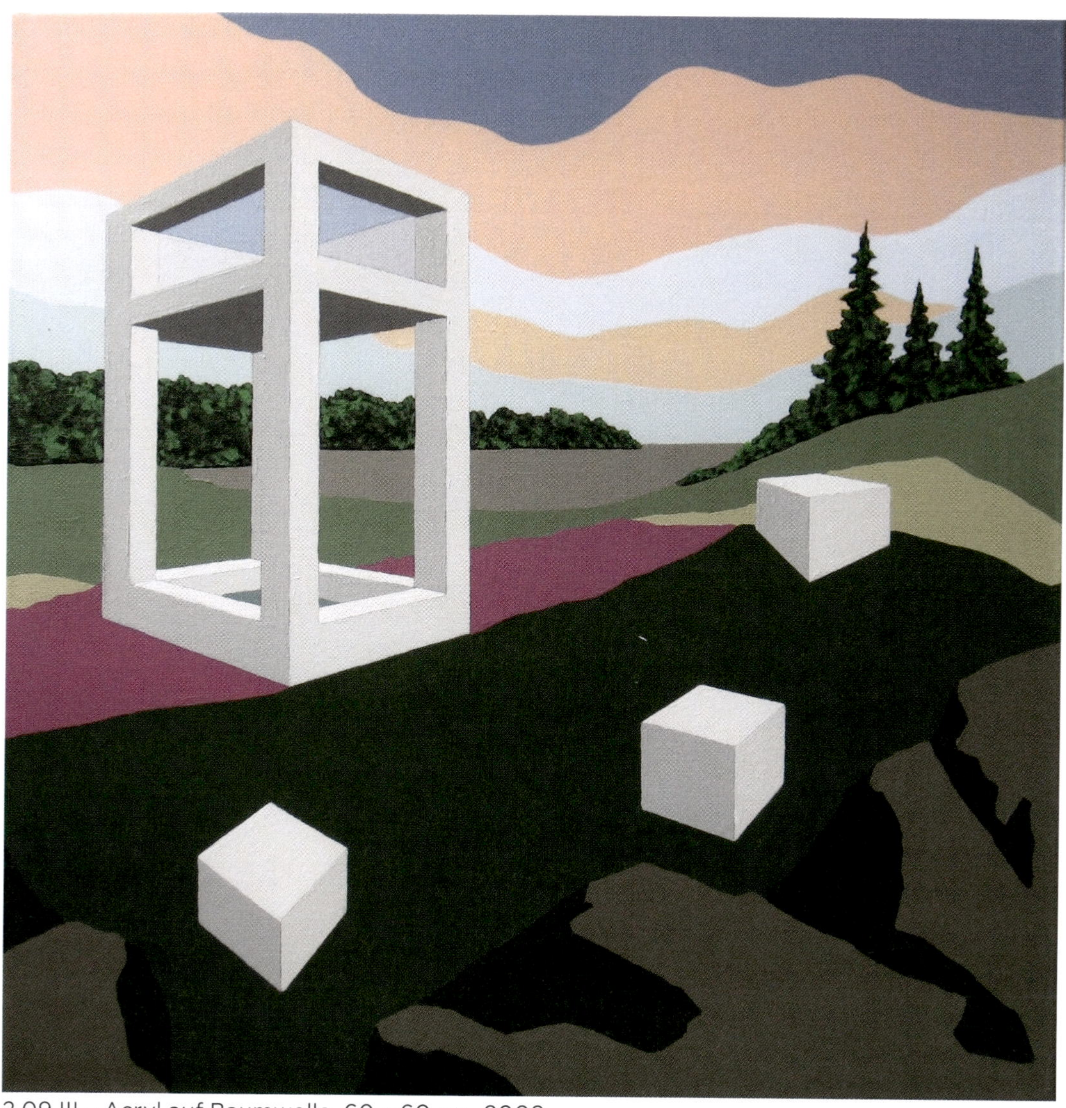



2.09 III – Acryl auf Baumwolle, 60 x 60 cm, 2009

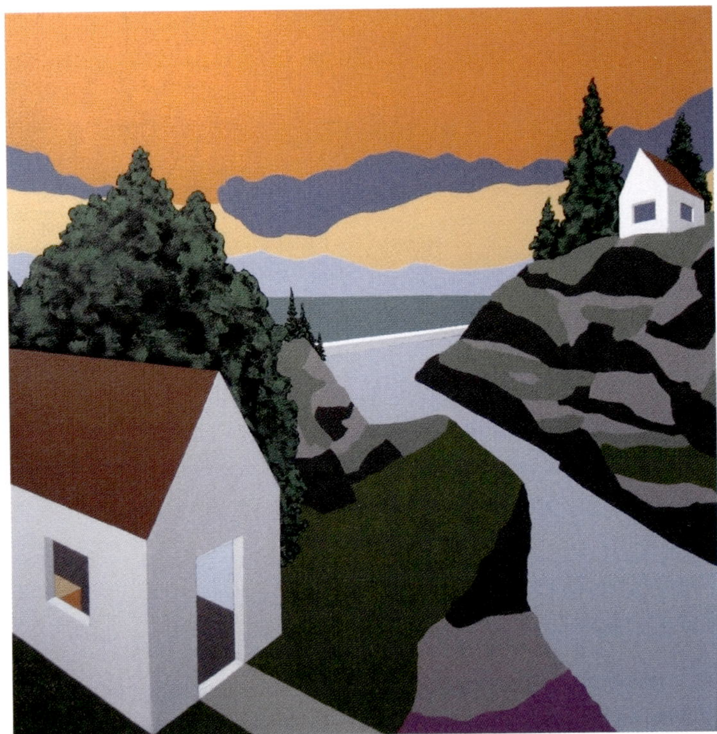

5.09 IV – Acryl auf Baumwolle, 60 x 60 cm, 2009

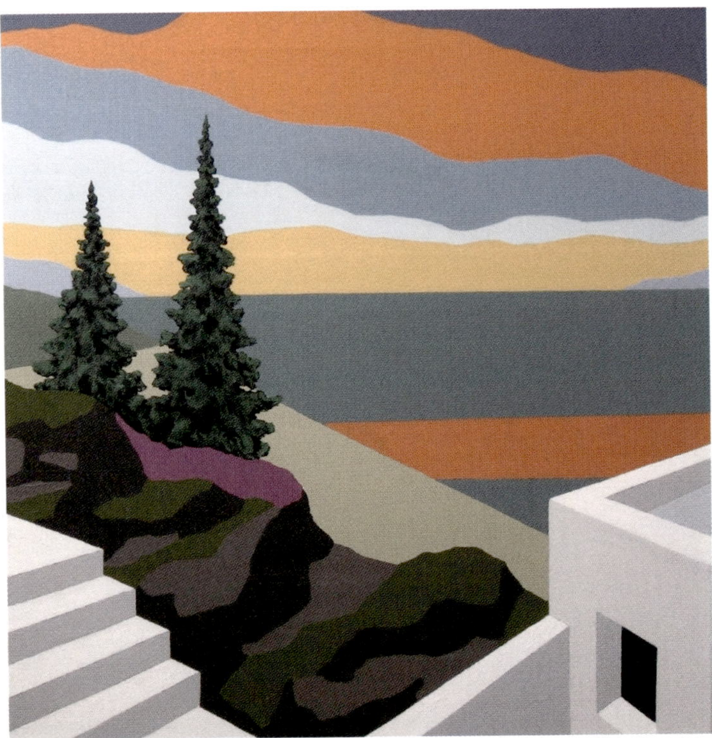

4.09 III – Acryl auf Baumwolle, 60 x 60 cm, 2009

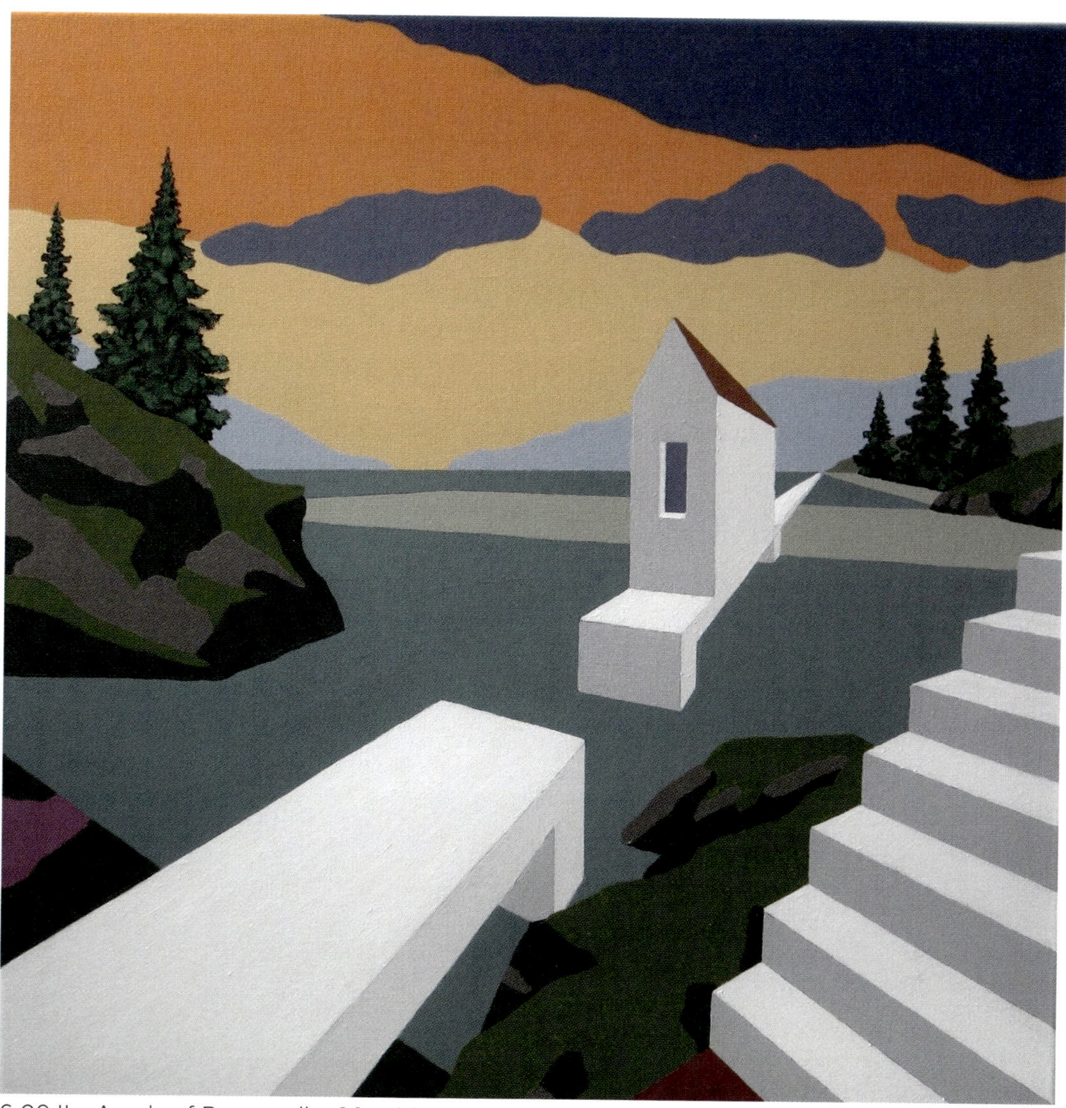

6.09 II – Acryl auf Baumwolle, 60 x 60 cm, 2009

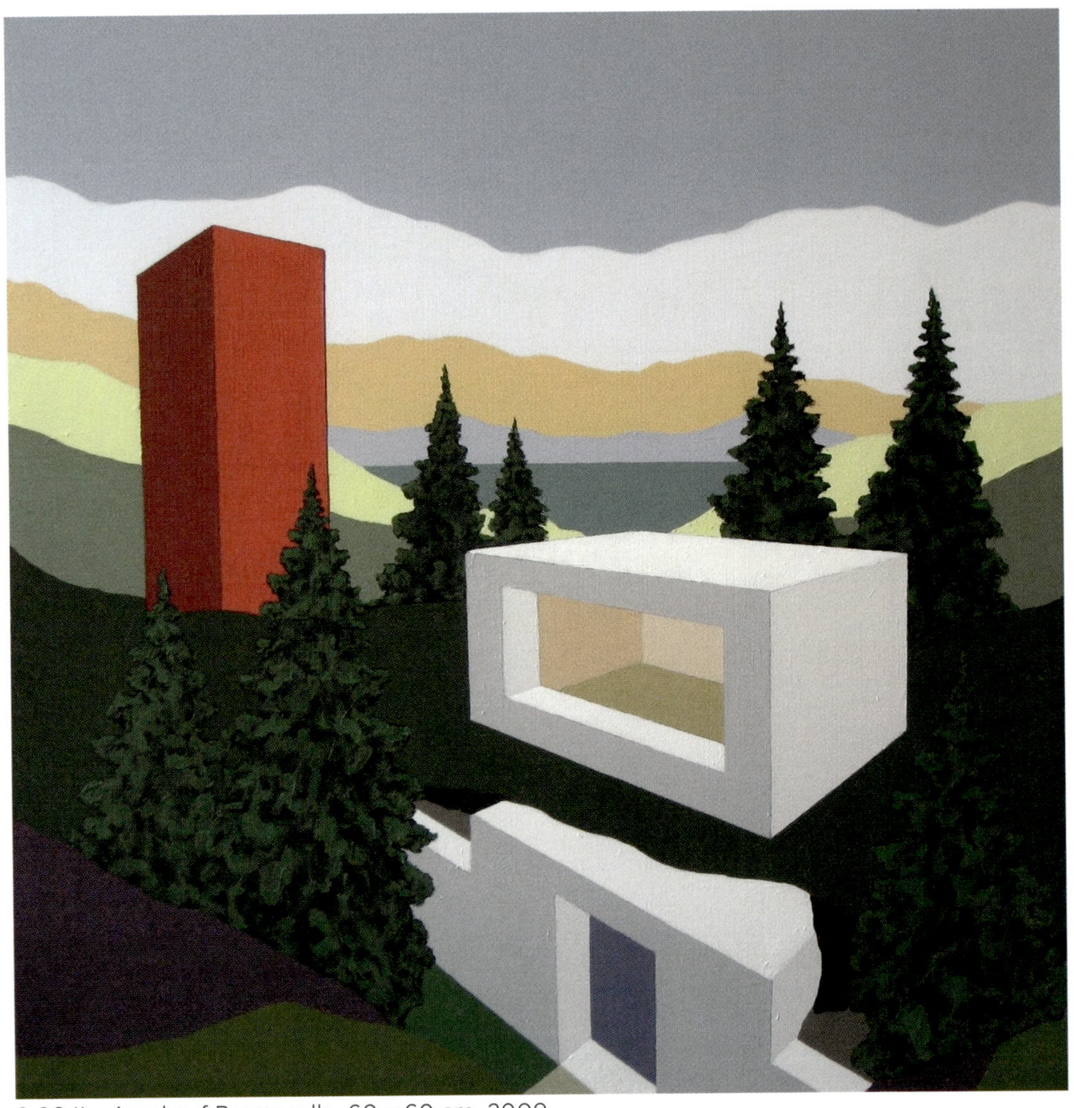

9.09 II – Acryl auf Baumwolle, 60 x 60 cm, 2009

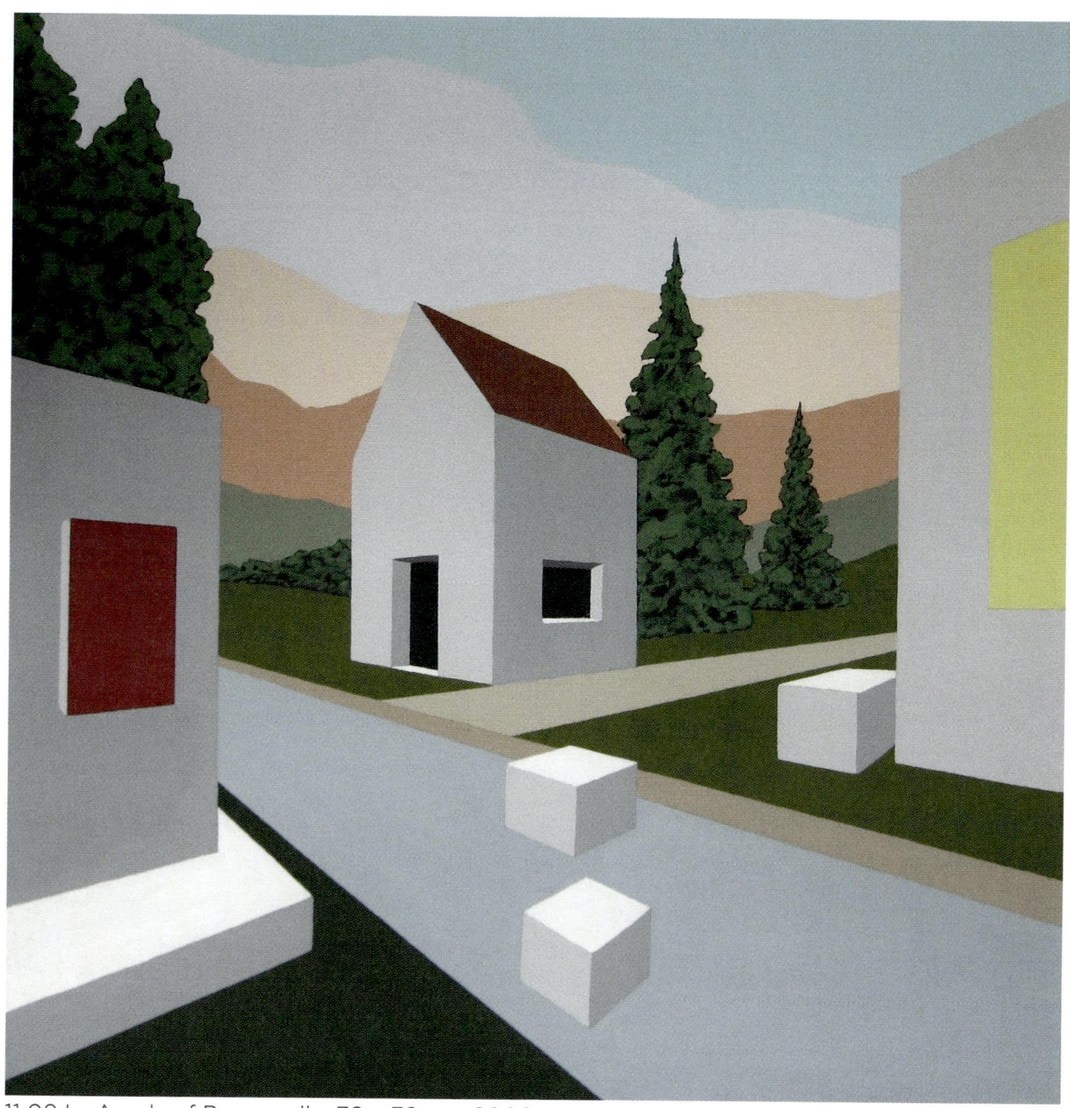

11.09 I – Acryl auf Baumwolle, 70 x 70 cm, 2009

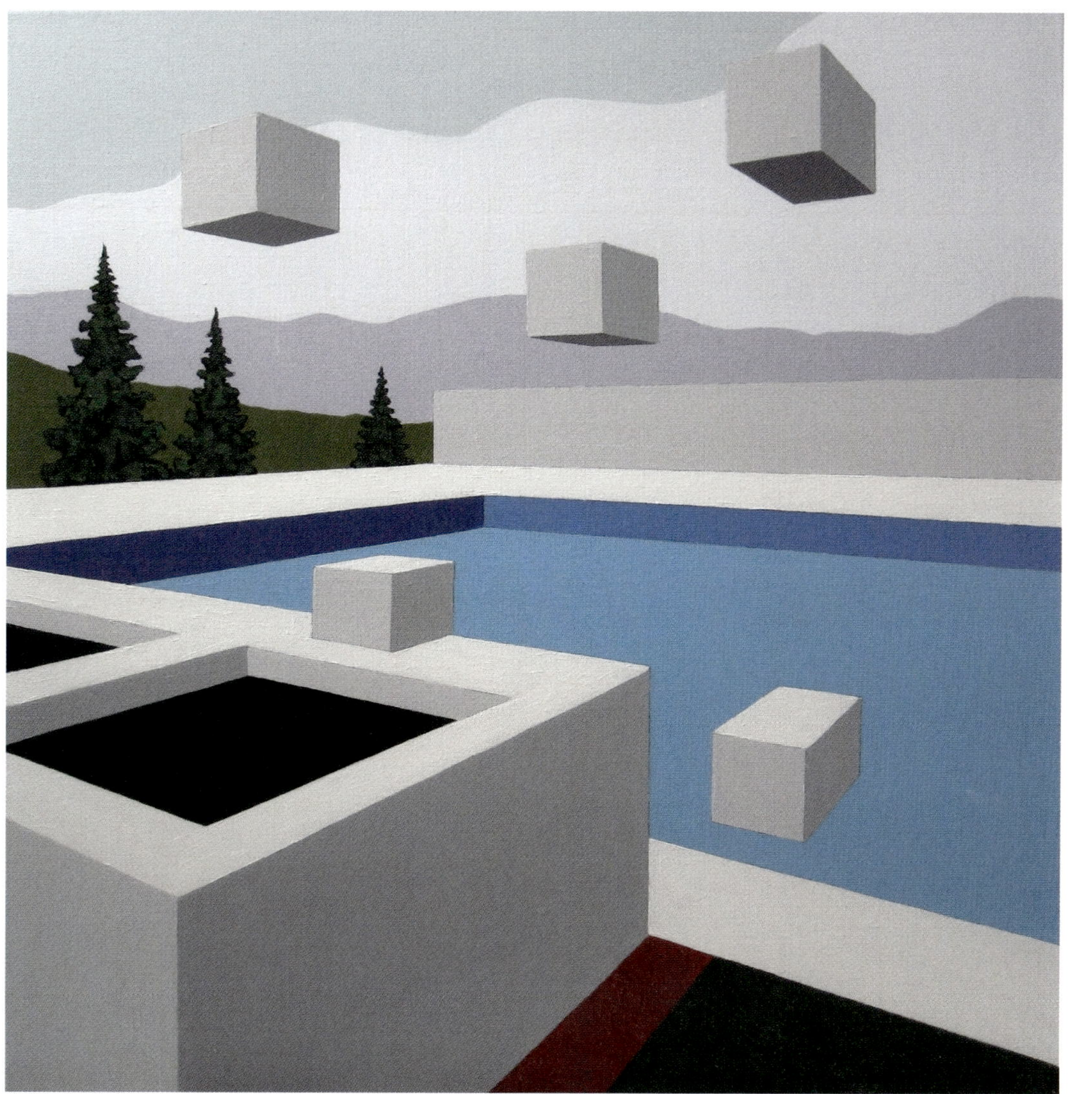

12.09 I – Acryl auf Baumwolle, 60 x 60 cm, 2009

» 12.09 IV – Acryl auf Baumwolle, 60 x 60 cm, 2009

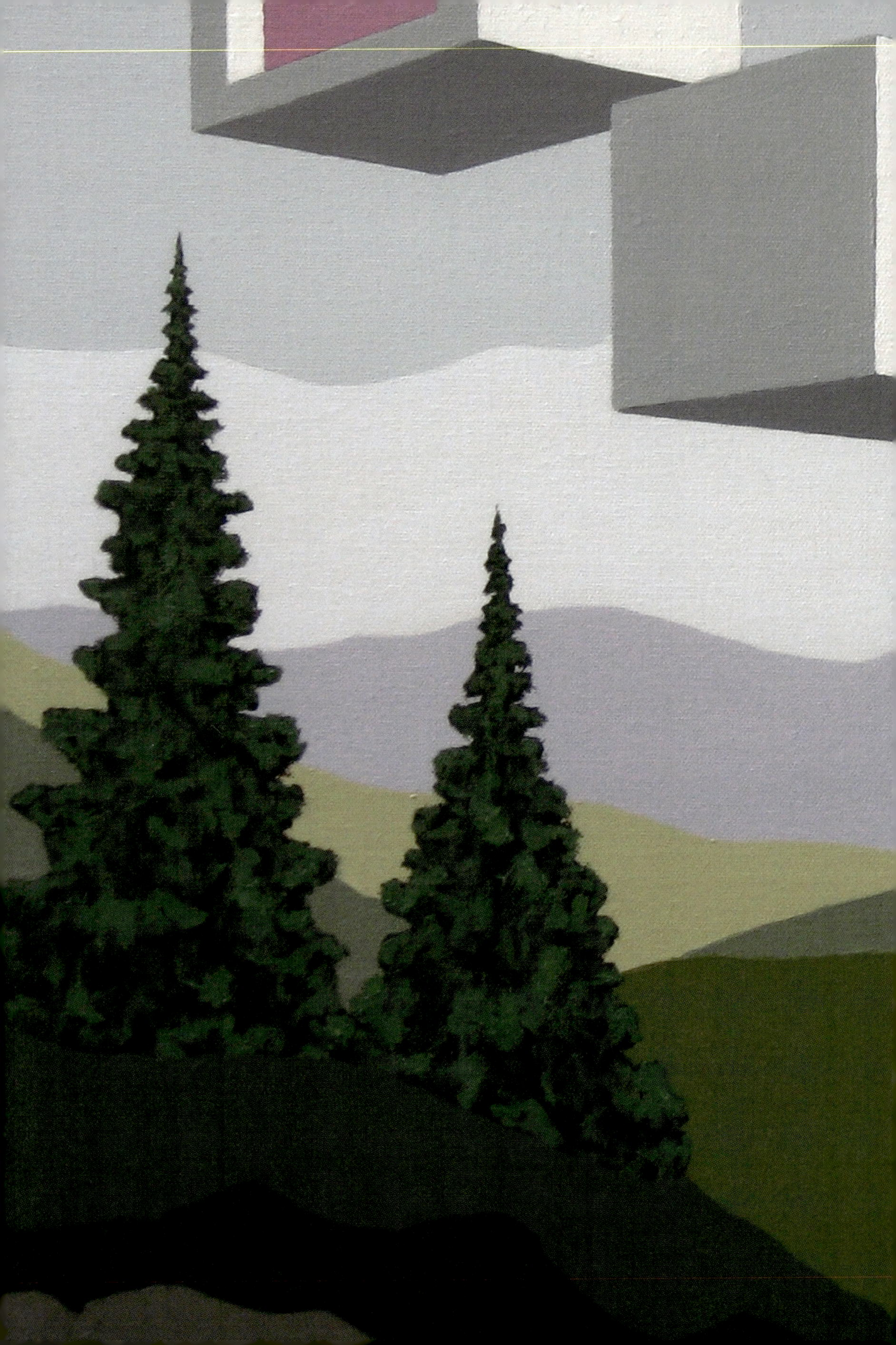

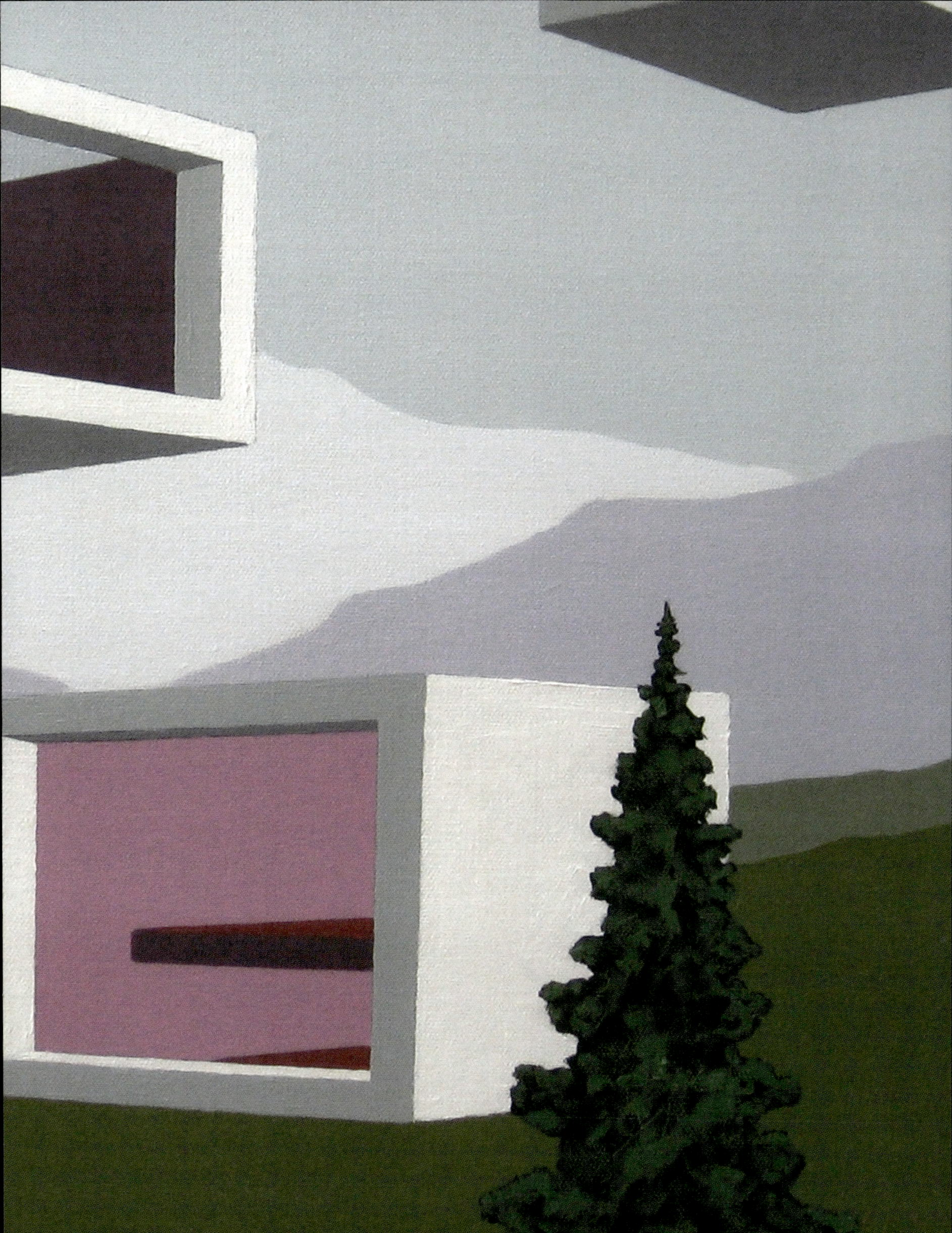

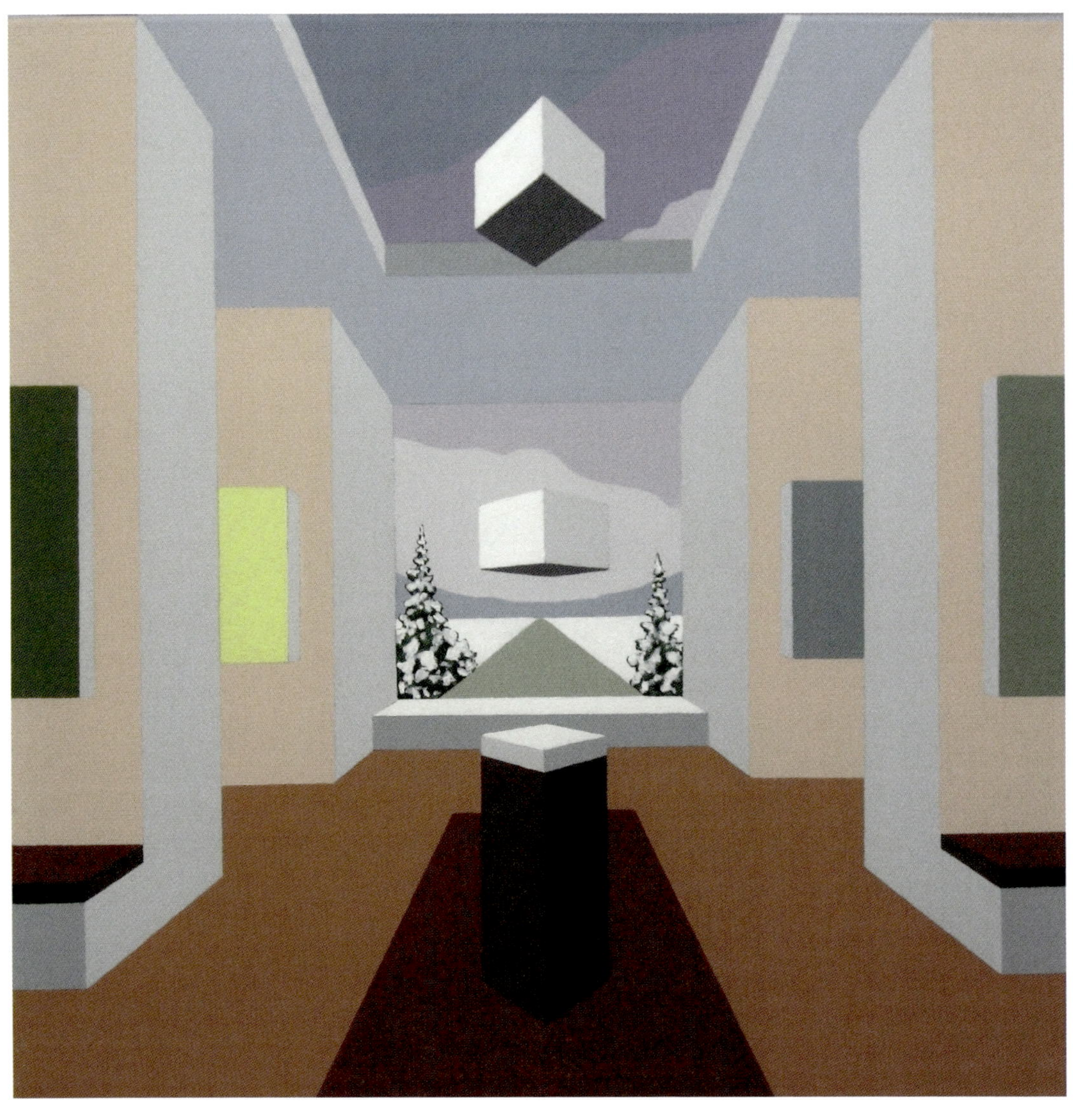



1.10 I – Acryl auf Baumwolle, 70 x 70 cm, 2010

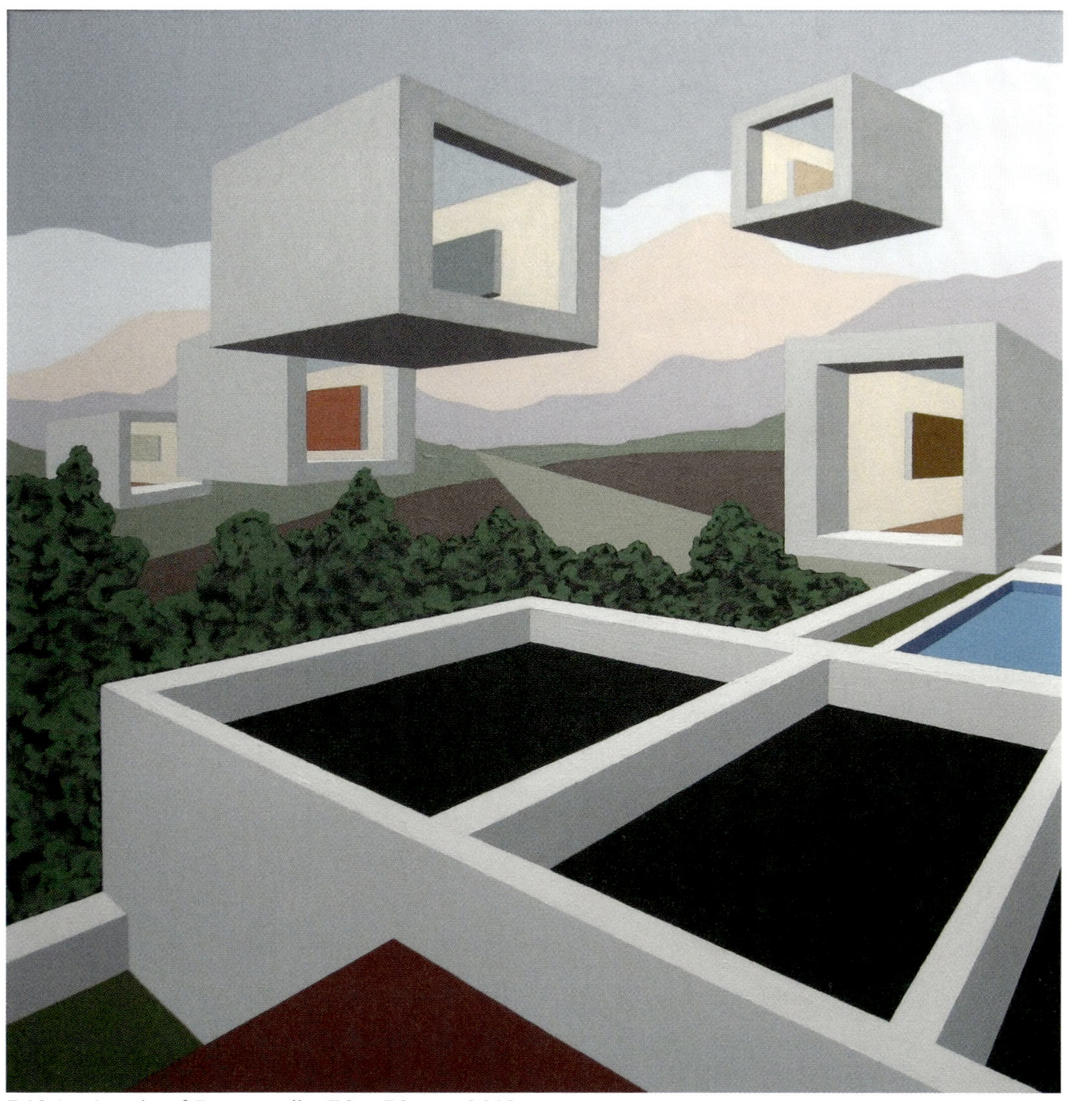

3.10 I – Acryl auf Baumwolle, 70 x 70 cm, 2010

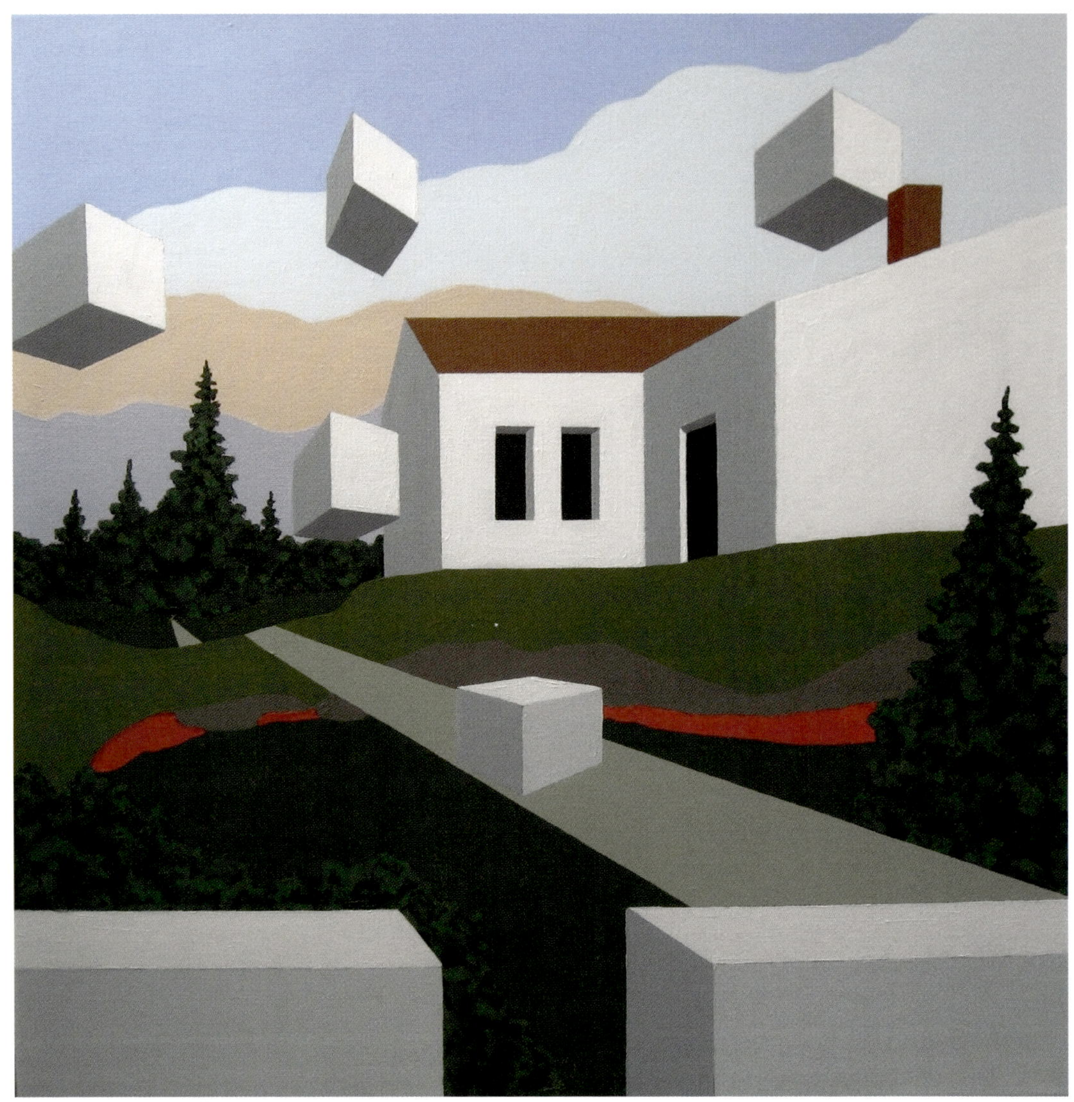



3.10 III – Acryl auf Baumwolle, 60 x 60 cm, 2010

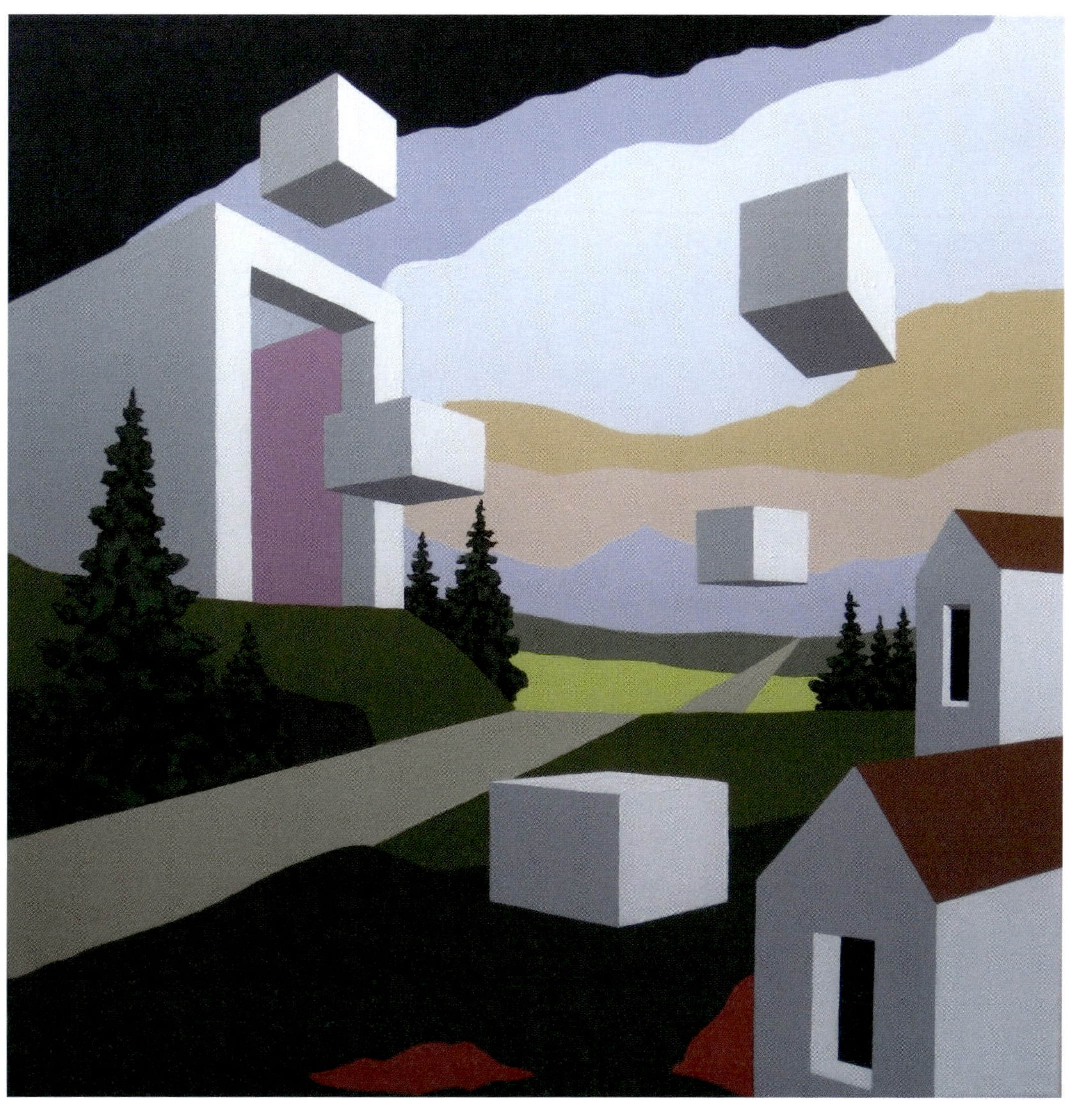

4.10 II – Acryl auf Baumwolle, 60 x 60 cm, 2010

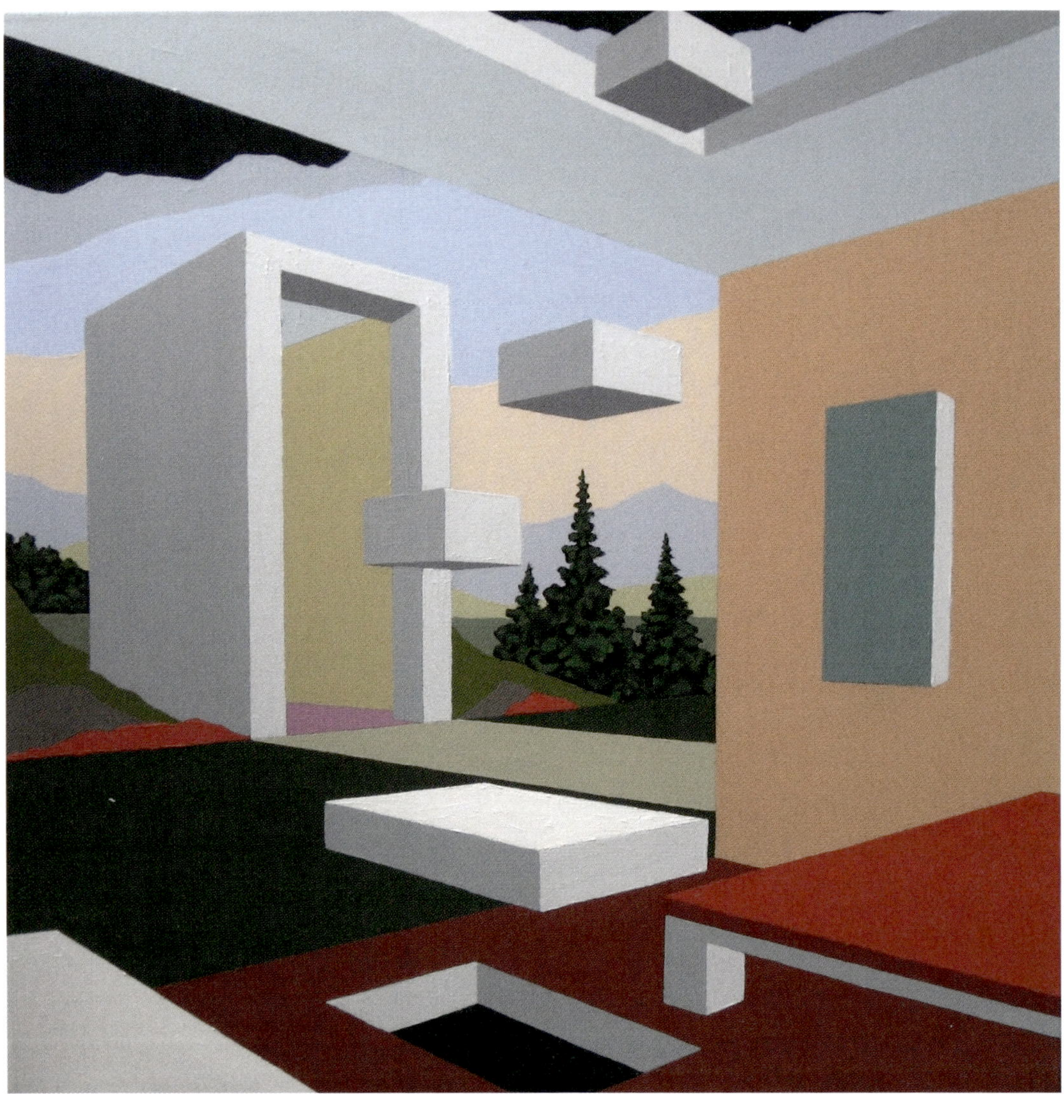

5.10 II – Acryl auf Baumwolle, 60 x 60 cm, 2010

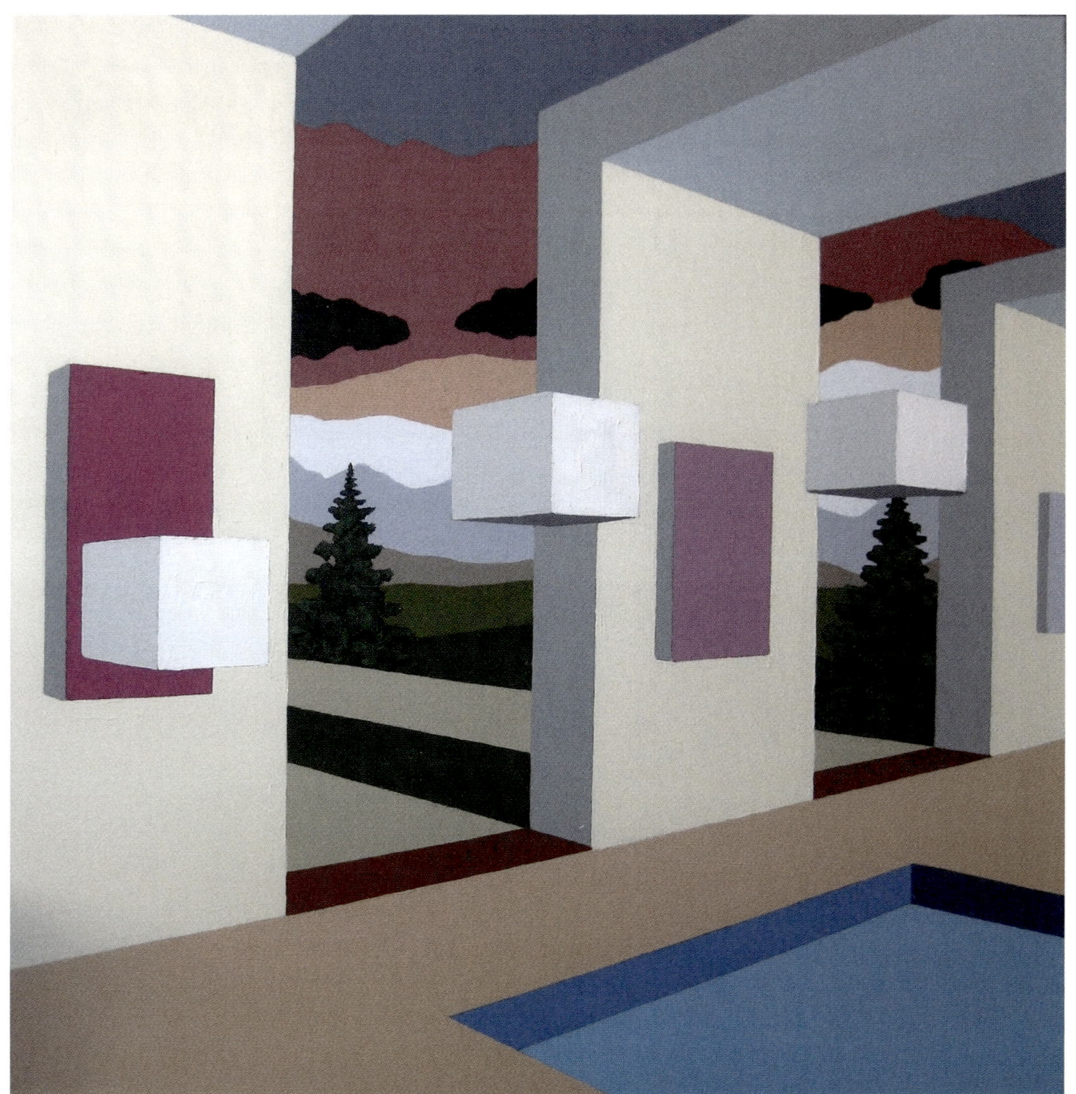

5.10 IV – Acryl auf Baumwolle, 60 x 60 cm, 2010

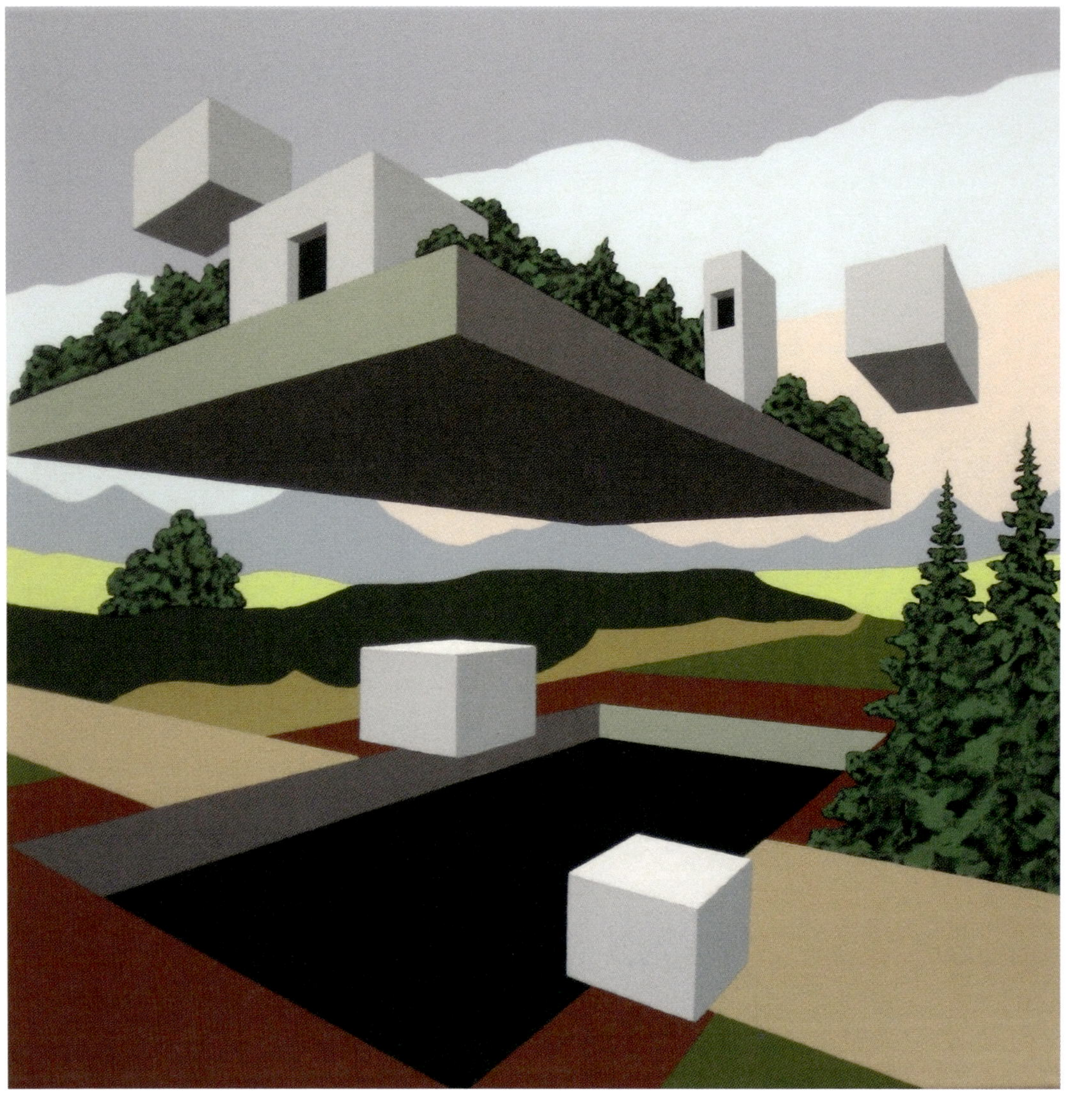

6.10 l – Acryl auf Baumwolle, 70 x 70 cm, 2010

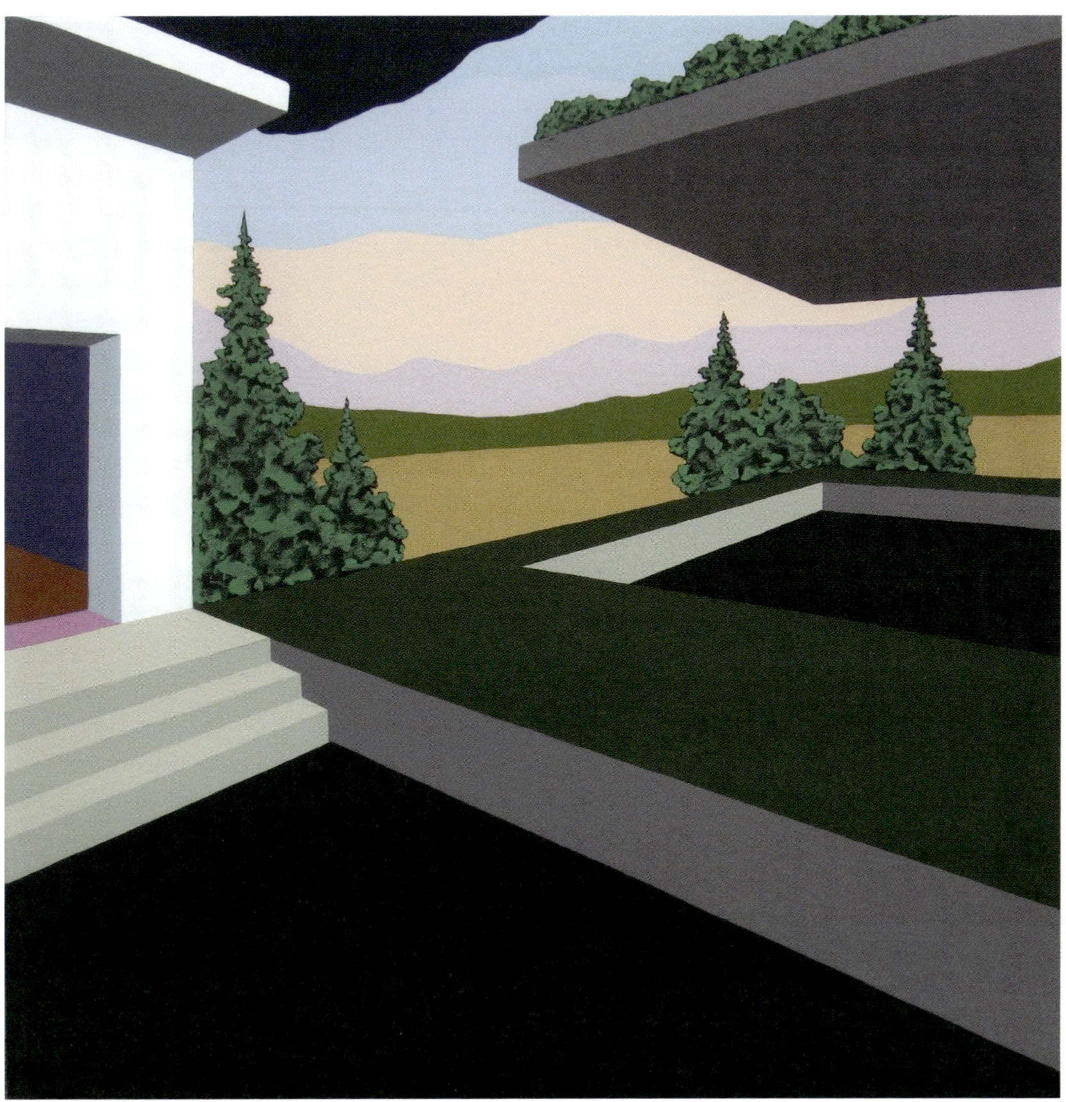

6.10 II – Acryl auf Baumwolle, 70 x70 cm, 2010

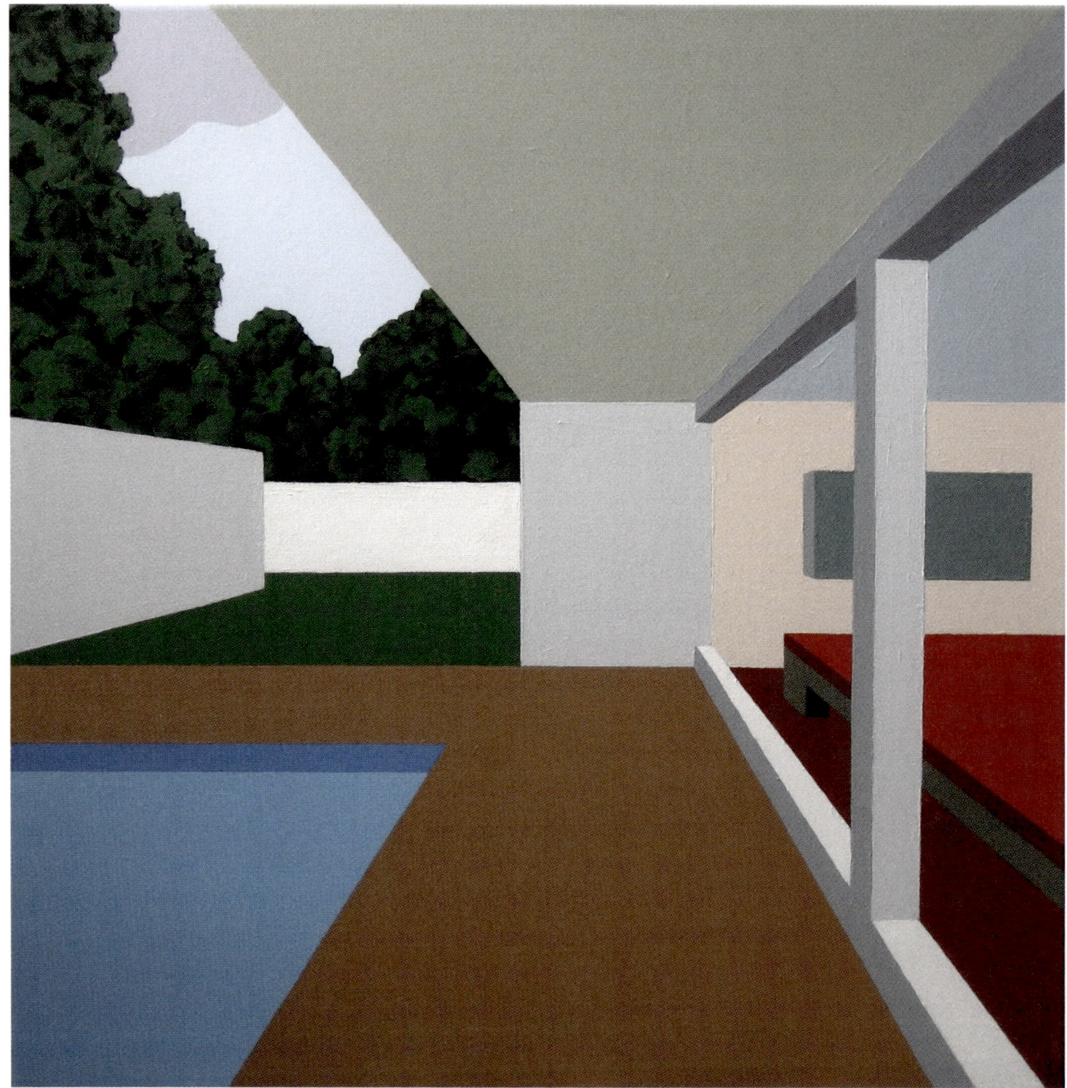

7.10 II – Acryl auf Baumwolle, 60 x 60 cm, 2010

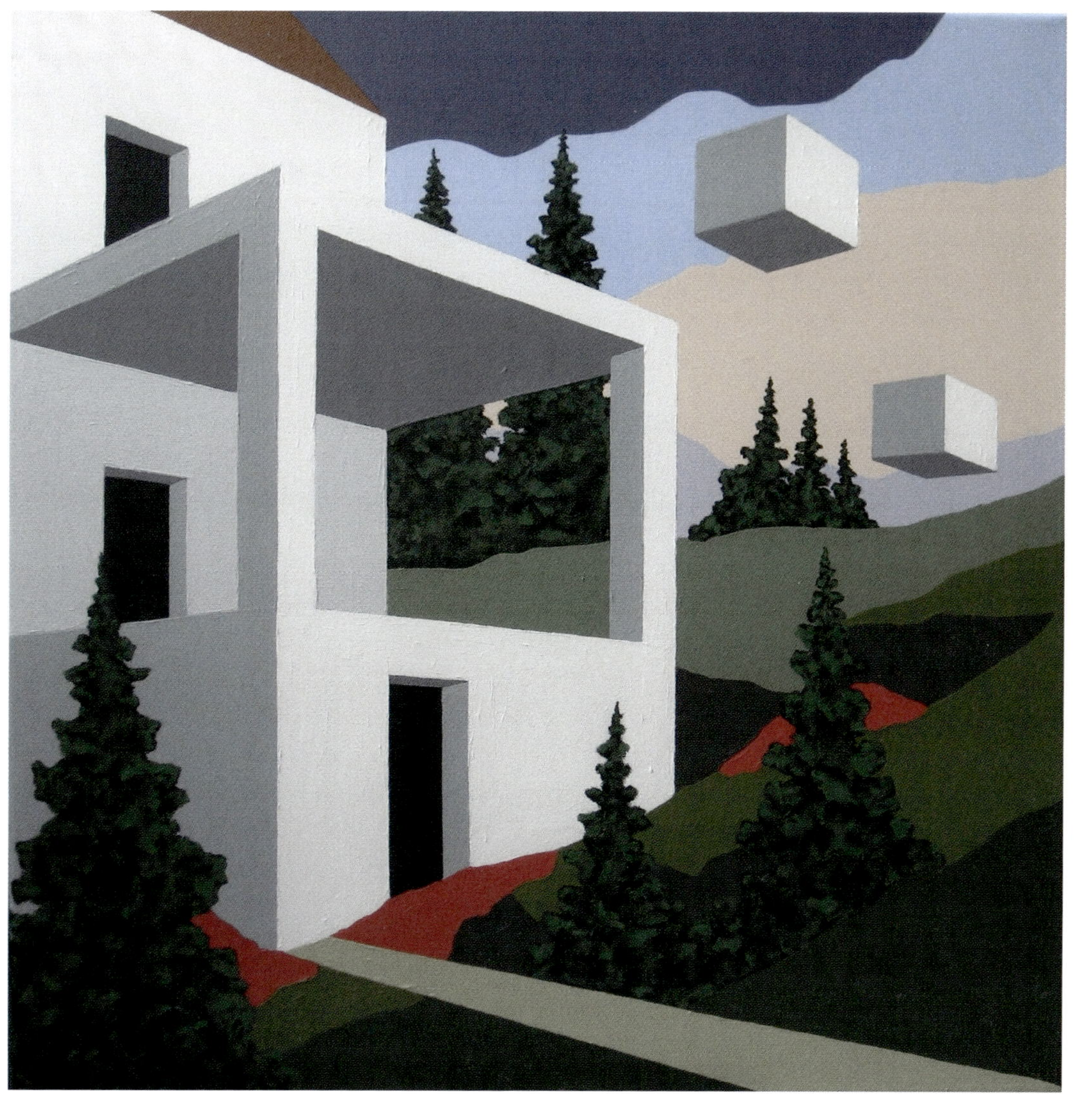



6.10 IV – Acryl auf Baumwolle, 60 x 60 cm, 2010

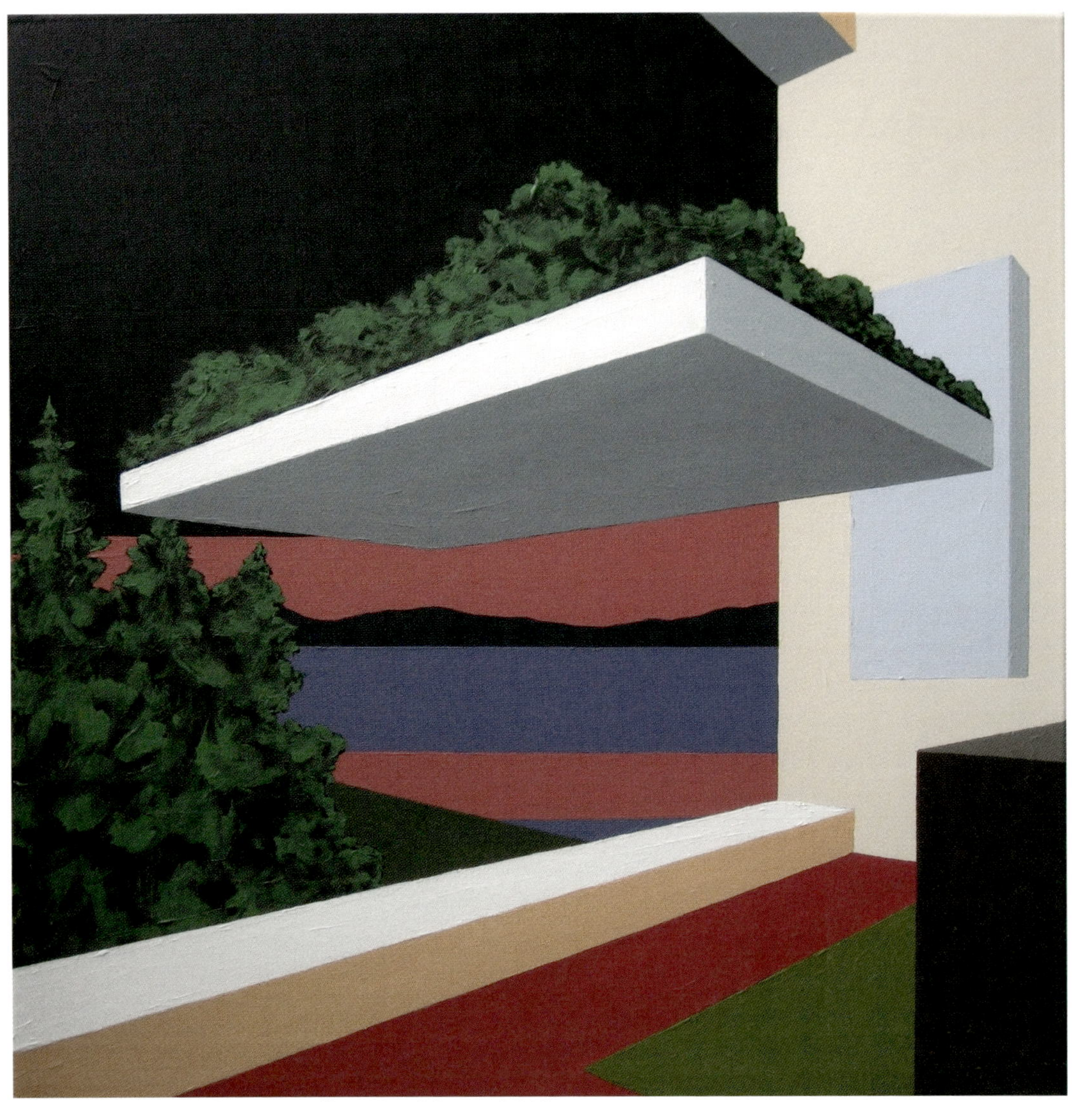



7.10 VIII – Acryl auf Baumwolle, 60 x 60 cm, 2010

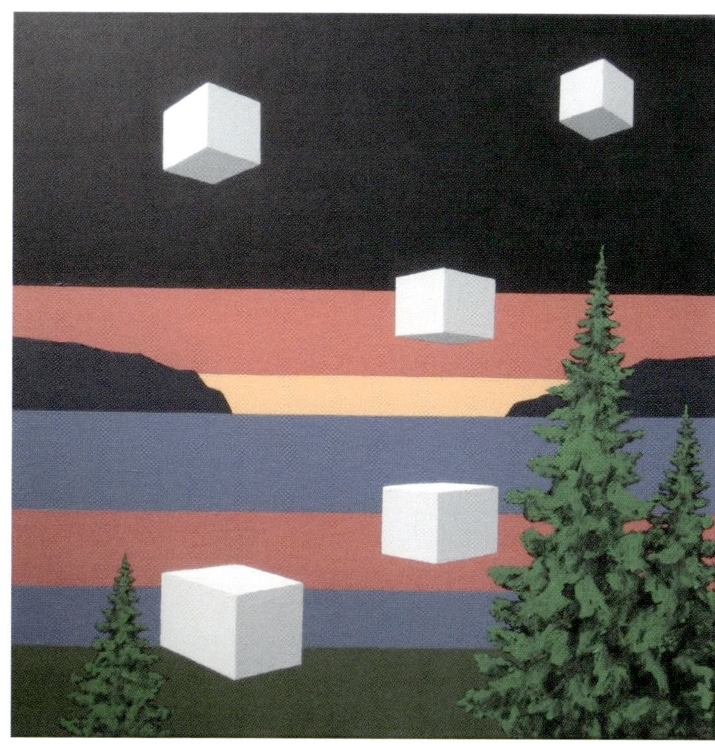

8.10 II – Acryl auf Baumwolle, 30 x 30 cm, 2010

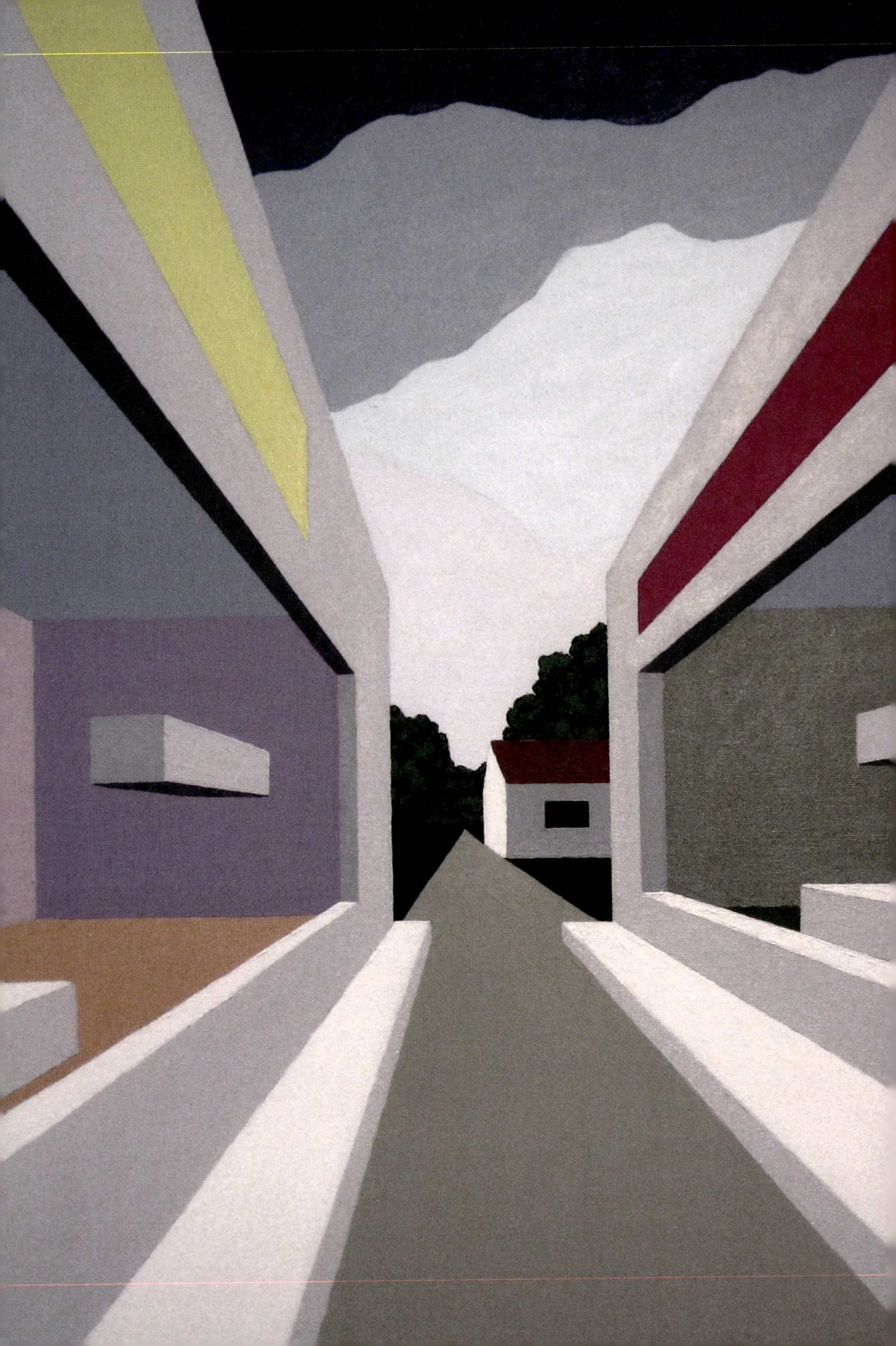

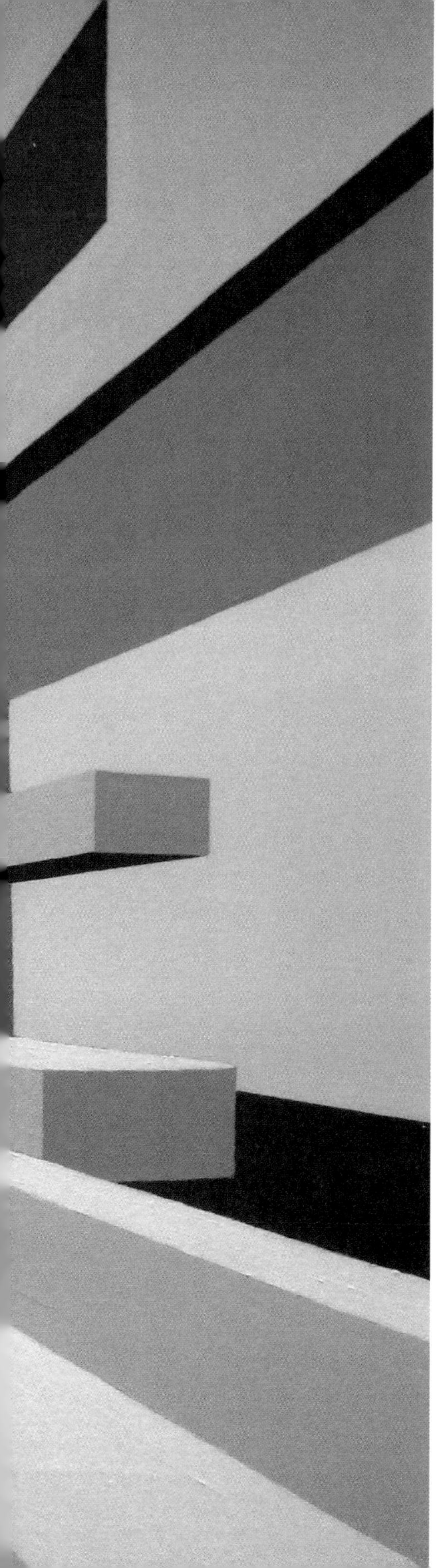

10.10 I – Acryl auf Baumwolle, 70 x 70 cm, 2010

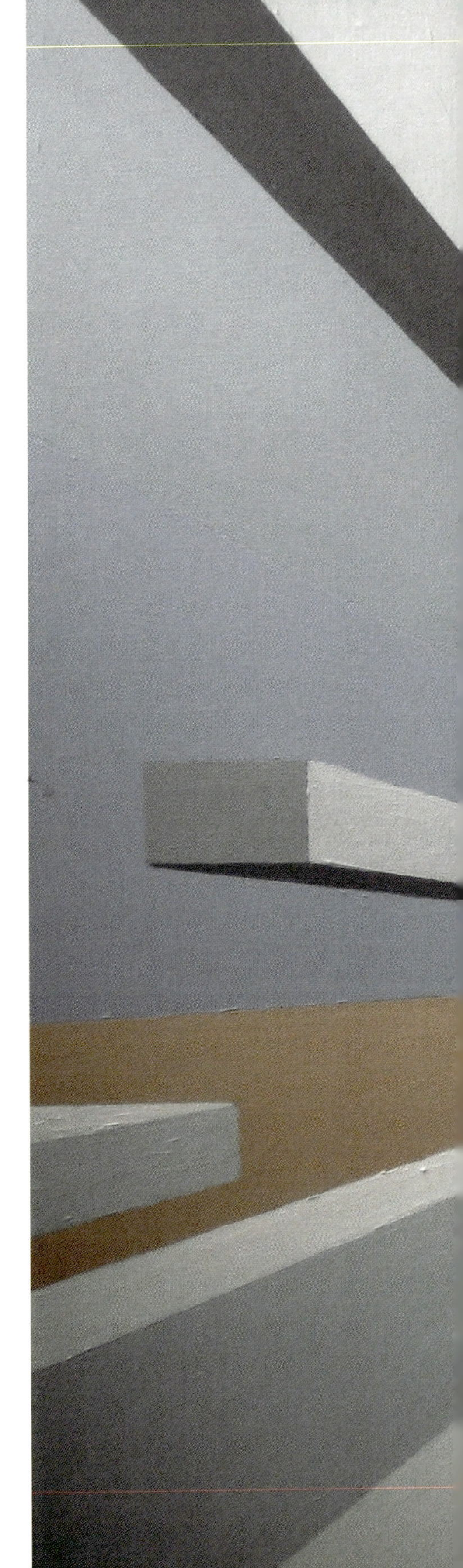

10.10 III – Acryl auf Baumwolle, 60 x 60 cm, 2010

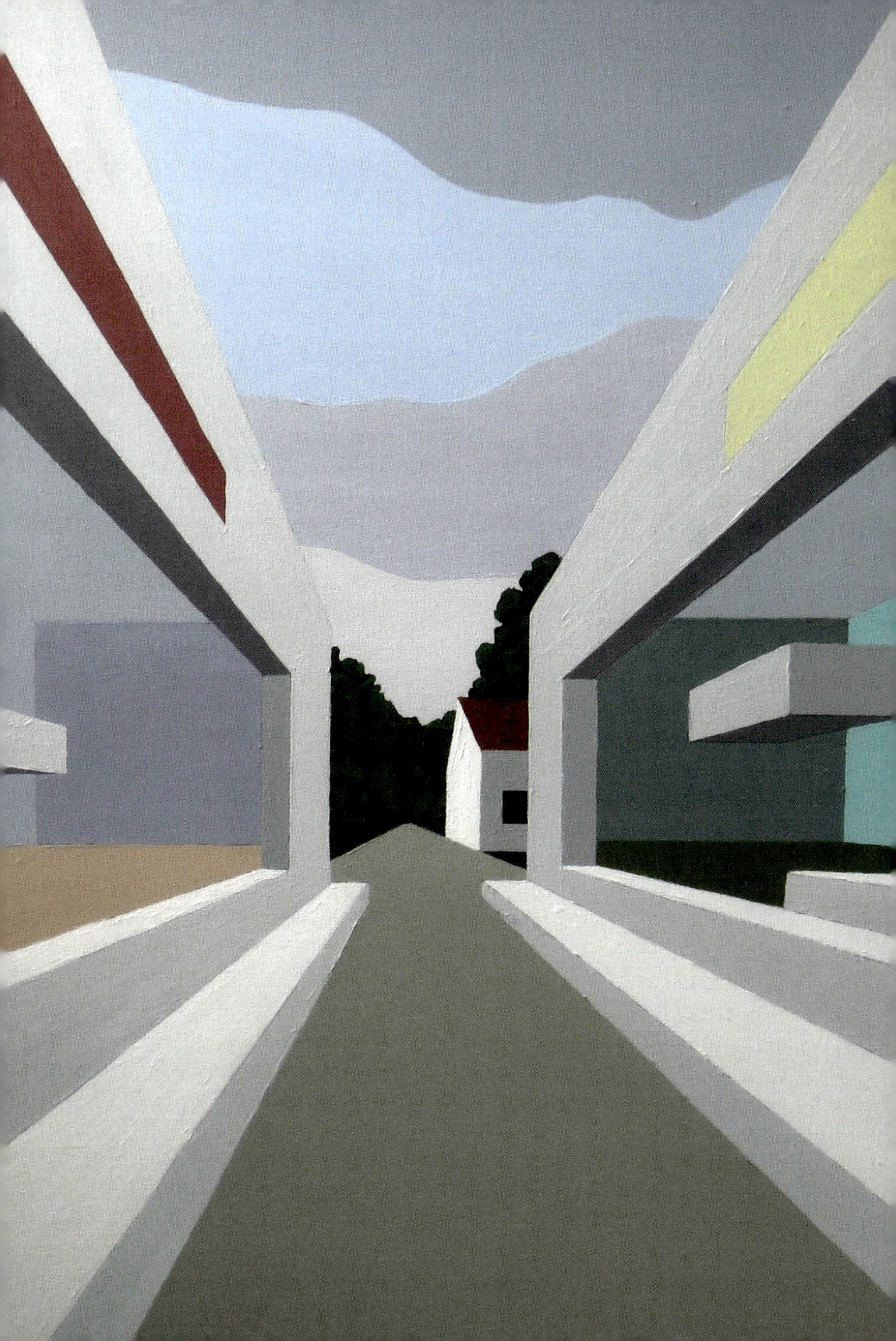

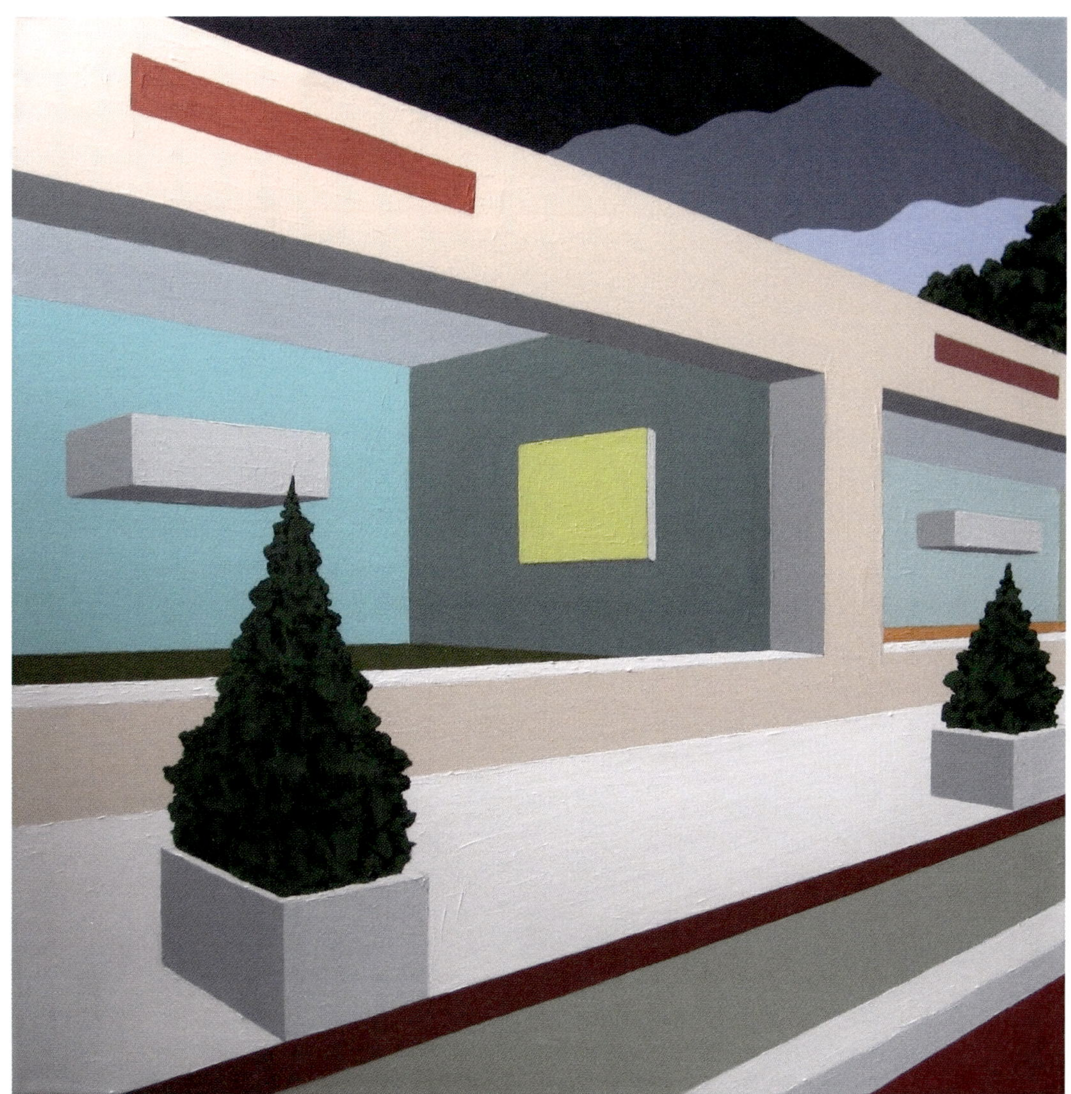

10.10 V – Acryl auf Baumwolle, 60 x 60 cm, 2010

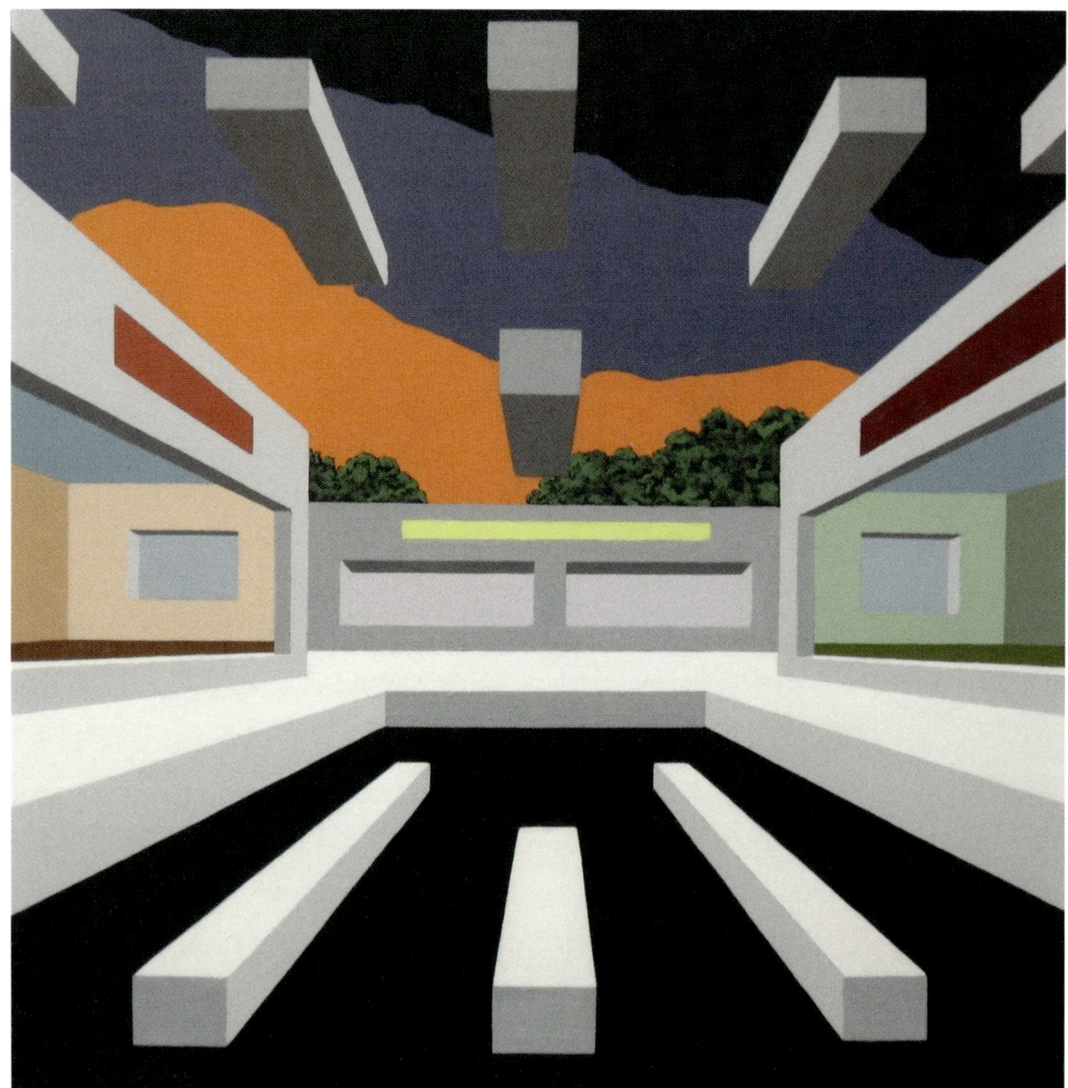

11.10 III – Acryl auf Baumwolle, 70 x 70 cm, 2010

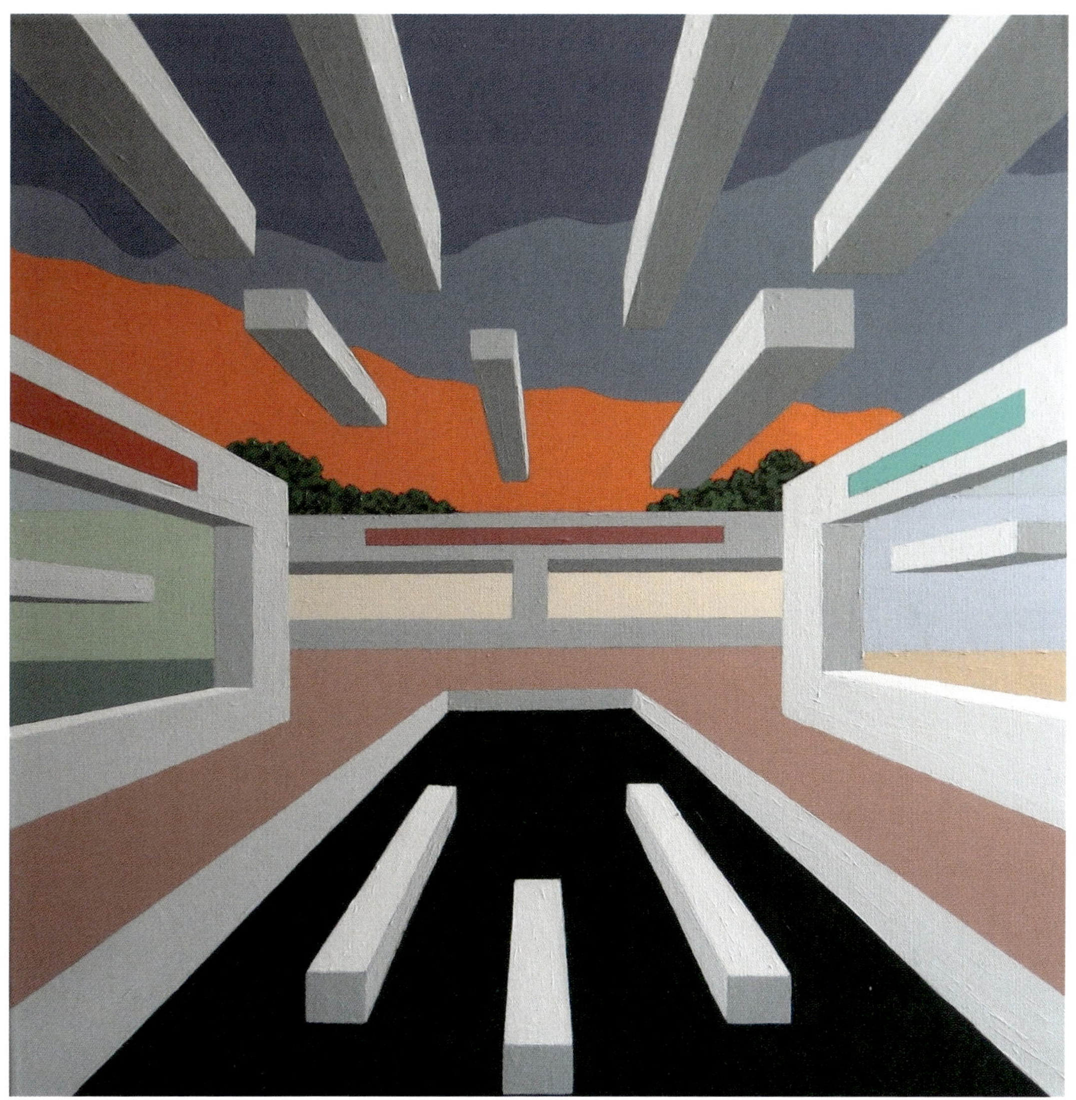

11.10 II – Acryl auf Baumwolle, 60 x 60 cm, 2010

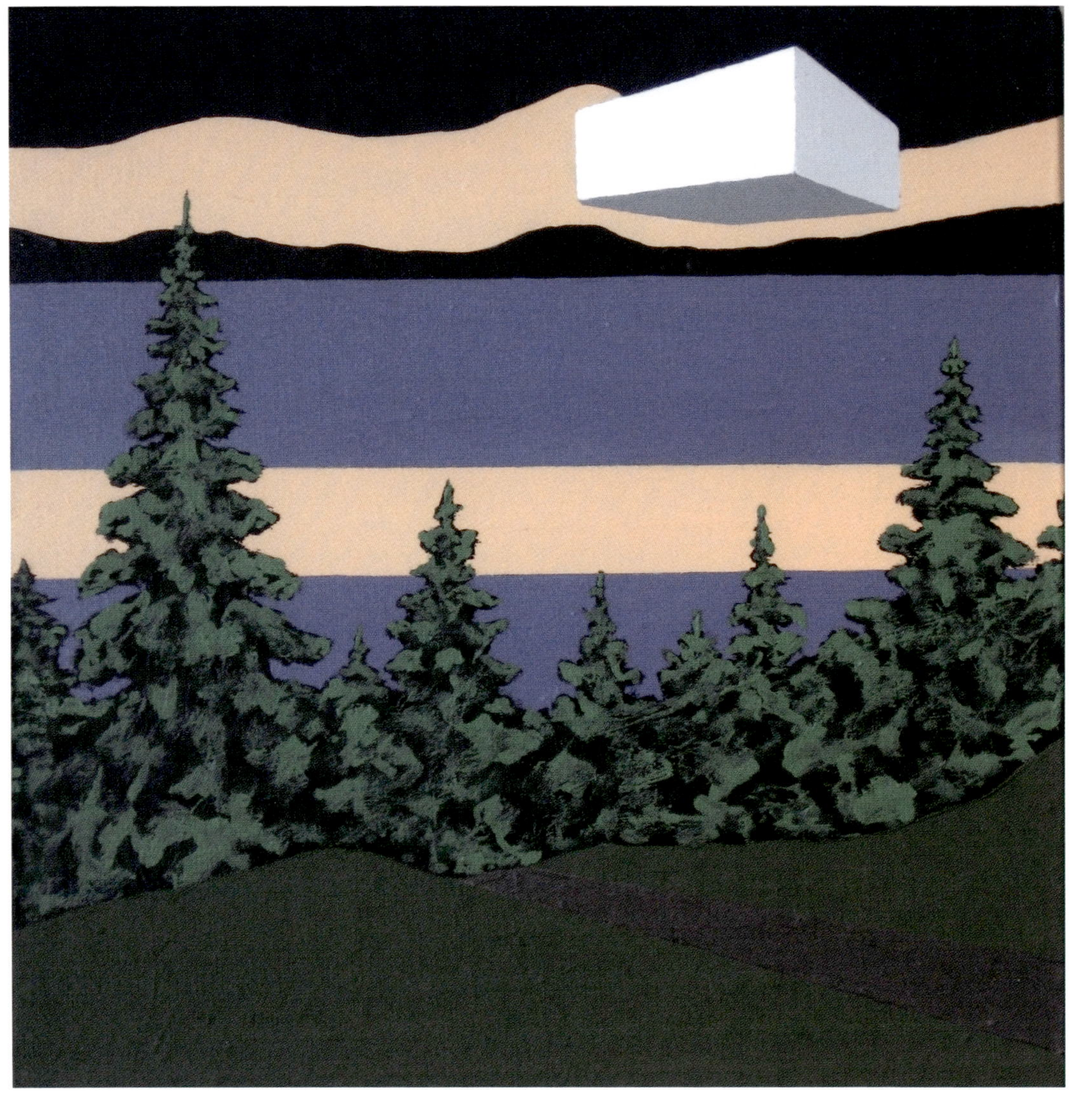

11.10 VI – Acryl auf Baumwolle, 30 x 30 cm, 2010

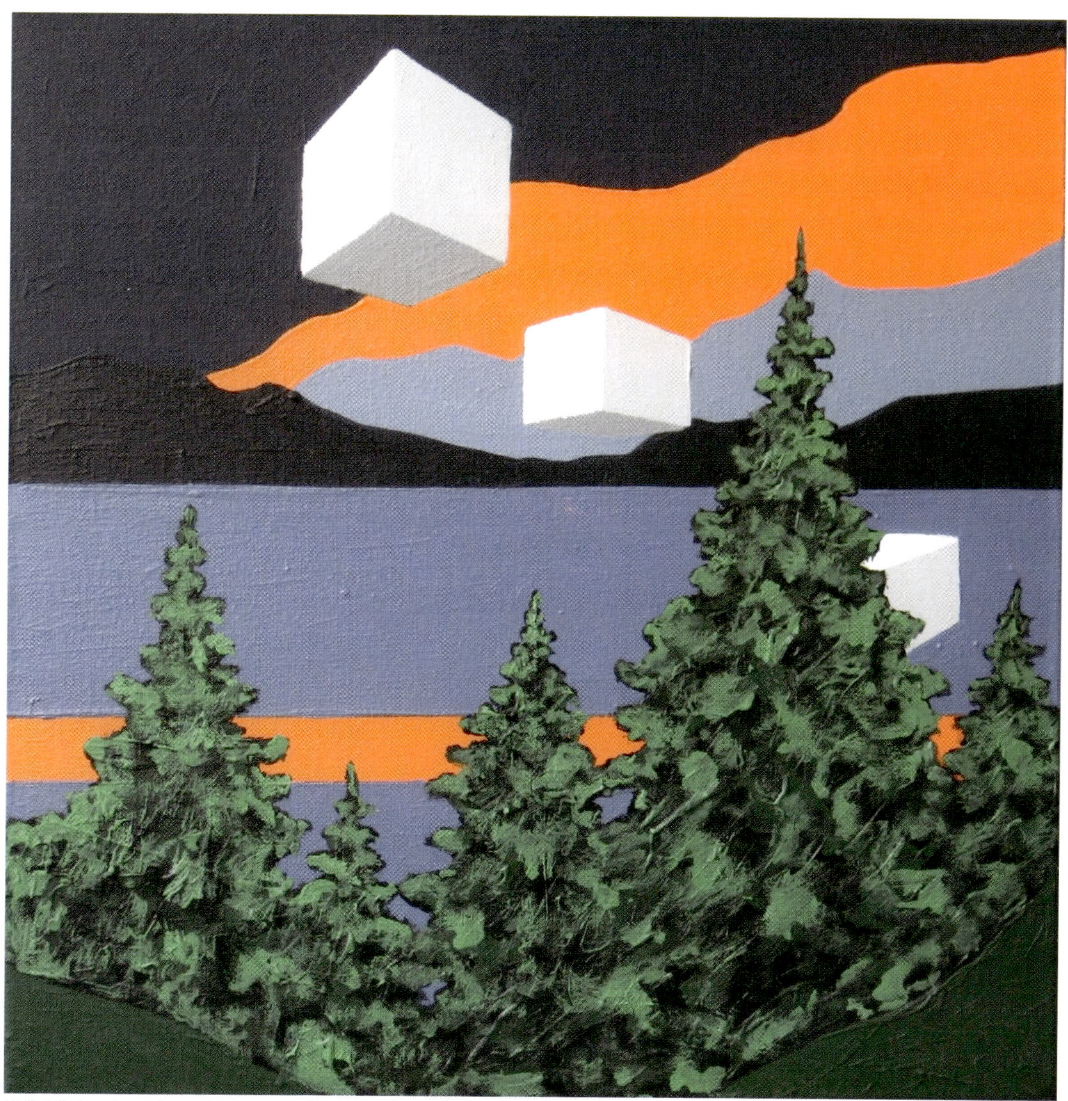

11.10 IV – Acryl auf Baumwolle, 30 x 30 cm, 2010

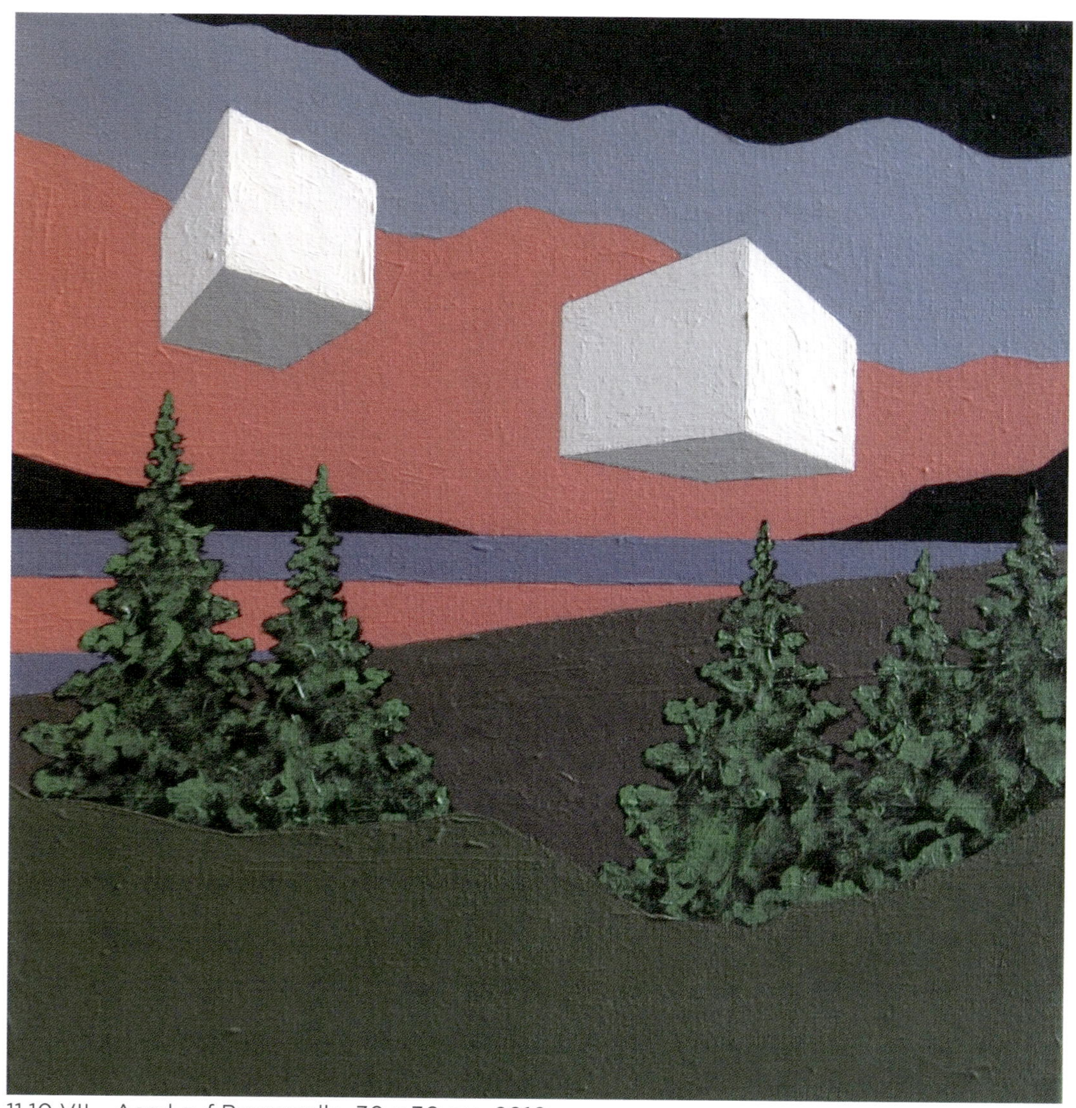

11.10 VII – Acryl auf Baumwolle, 30 x 30 cm, 2010

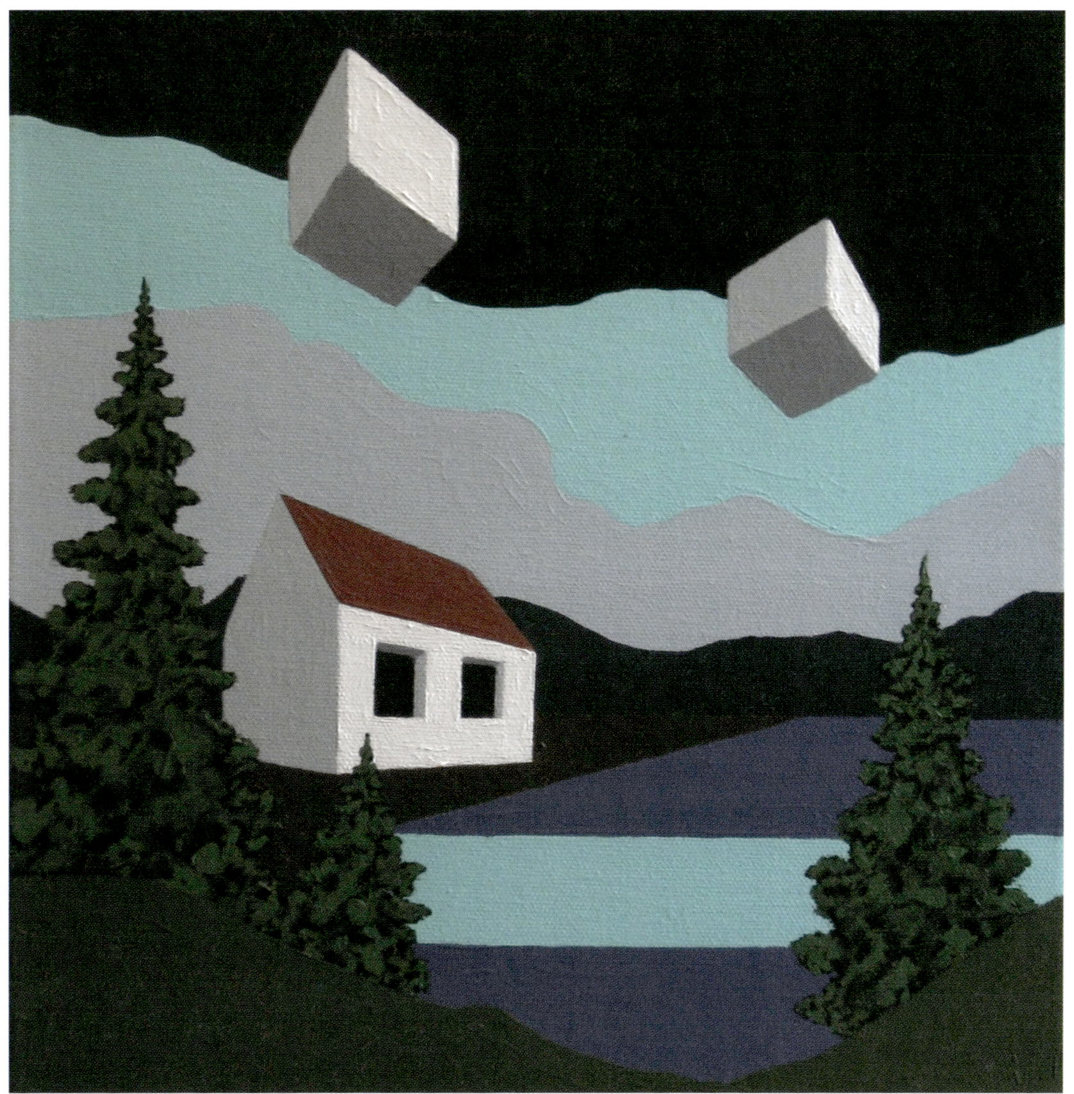

12.10 III – Acryl auf Baumwolle, 30 x 30 cm, 2010

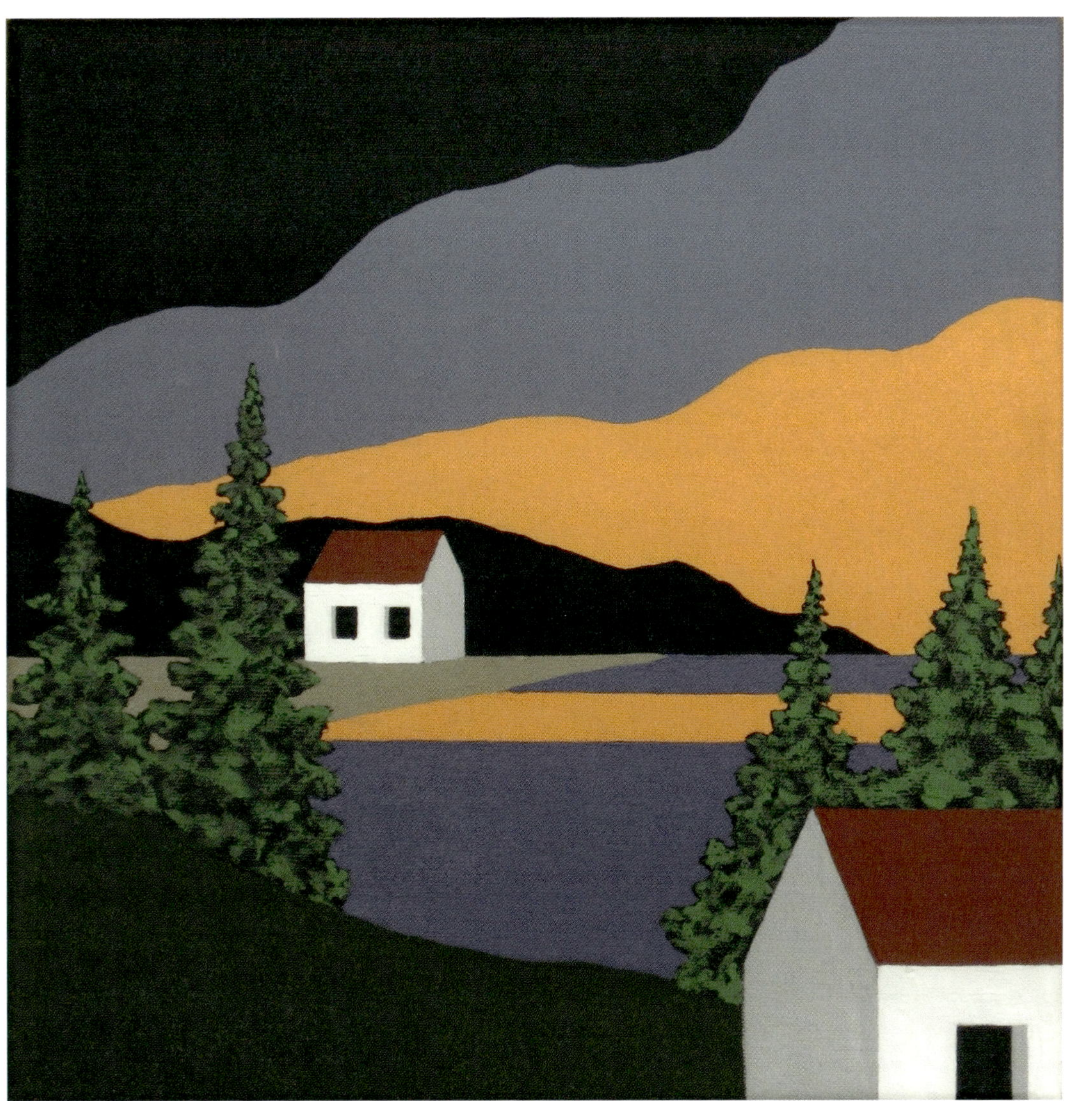

12.10 VI – Acryl auf Baumwolle, 30 x 30 cm, 2010

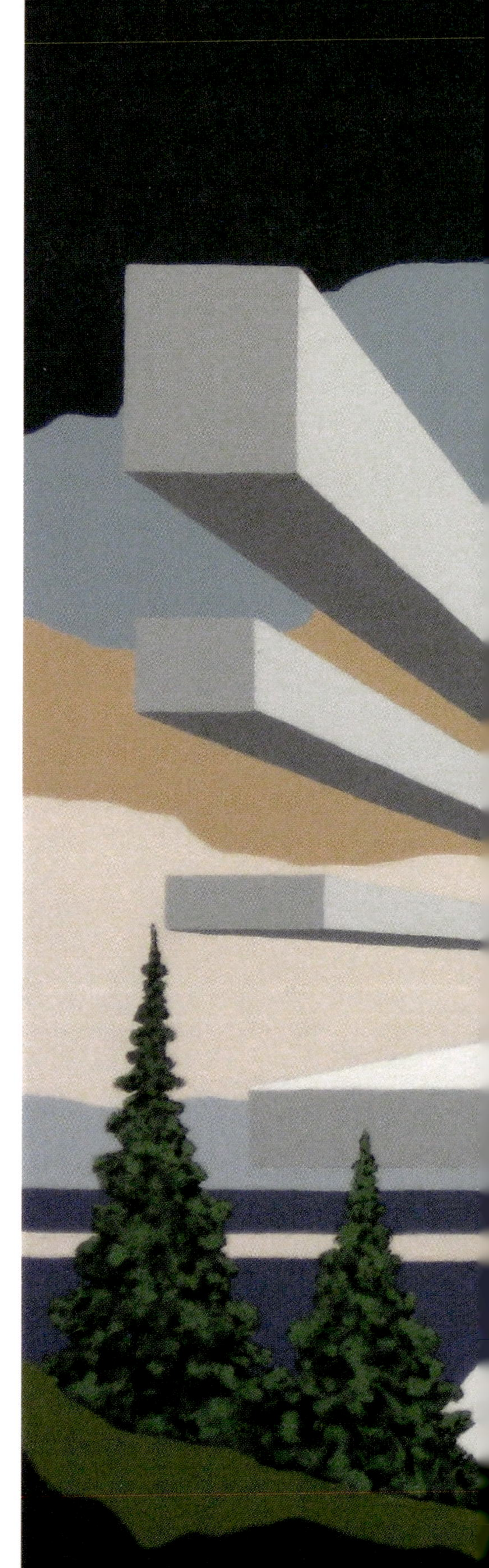

1.11 I – Acryl auf Baumwolle, 70 x 70 cm, 2011

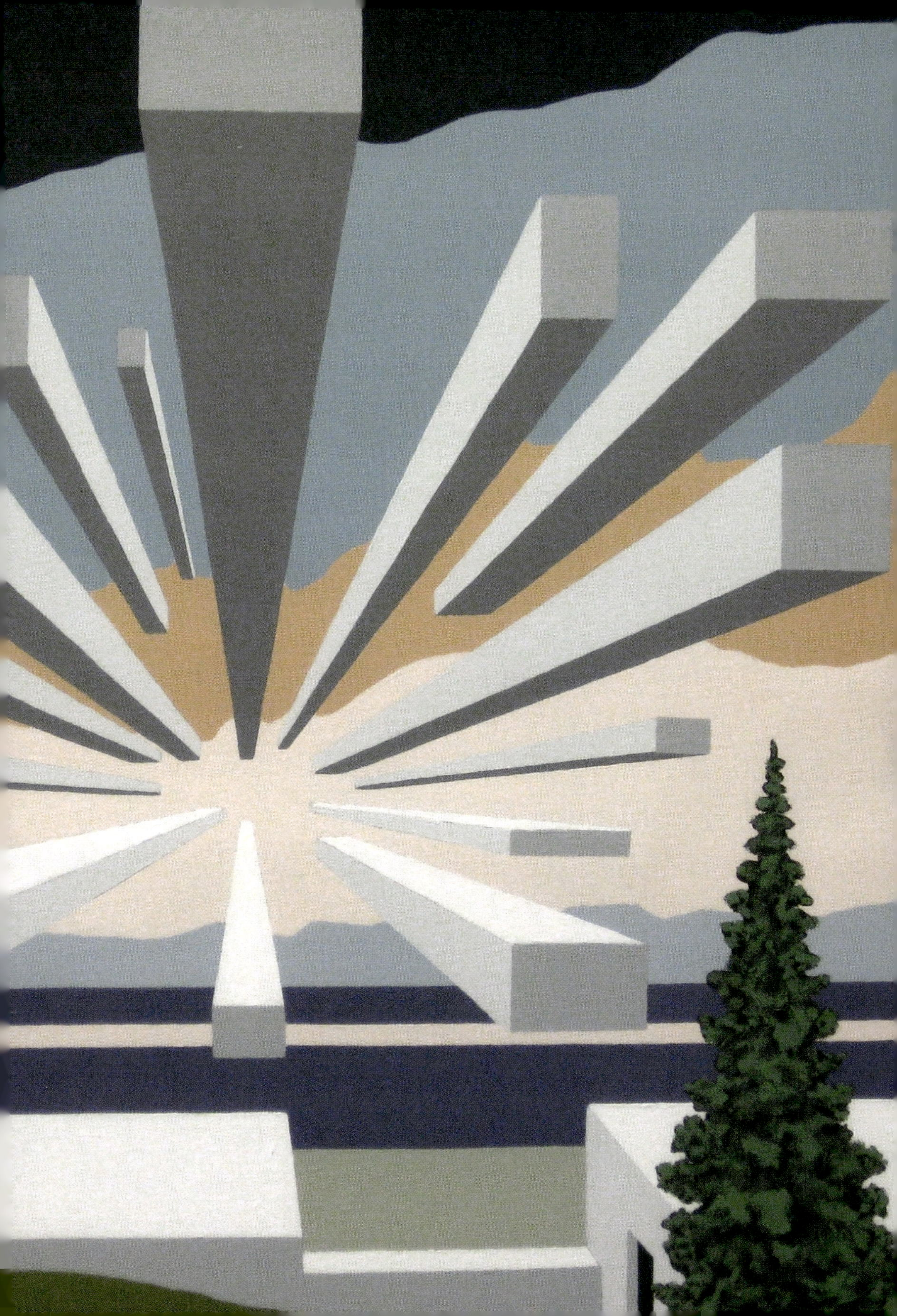

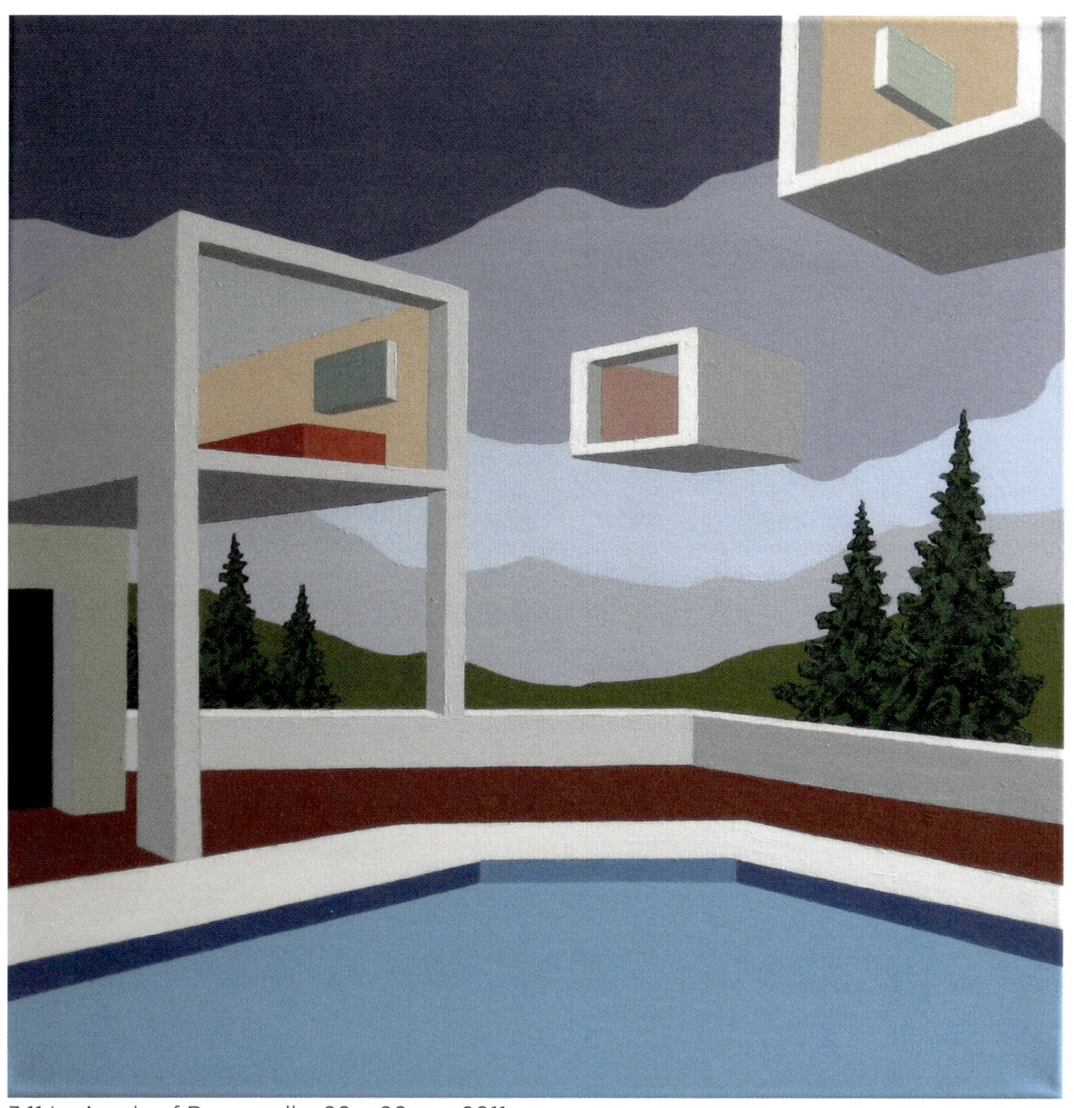

3.11 I – Acryl auf Baumwolle, 60 x 60 cm, 2011

## Martin Koroscha

| | |
|---|---|
| 1959 | geboren in Korbach |
| 1991–1995 | Studium Kunsttherapie/Kunstpädagogik an der FH Ottersberg. Diplom |
| seit 1993 | freiberufliche Tätigkeit als Kunstpädagoge und Ausstellungstätigkeit |
| seit 1997 | Mitglied im BBK Bremen |
| | Preisträger 28. Internationale Hollfelder Kunstausstellung |
| | Katalogförderung vom Senator für Kultur der Freien Hansestadt Bremen |
| | Stipendium artgenossen GmbH, Lindlar |
| 2007 | Gründung der Künstlergruppe TetraPack |
| 2010 | Arbeitsstipendium im Künstlerhaus Lukas, gefördert durch das Land Mecklenburg-Vorpommern für Mai 2012 |

**Sammlungen**

Kunstsammlung der HSH Nordbank

**Einzelausstellungen**

| | |
|---|---|
| 1999 | BBK-Künstlergalerie Bremen |
| 2003/2004 | Galerie Neuwerk, Oldenburg |
| | *ORTE*. Galerie Brunnenhof St. Joseph-Stift, Bremen |
| | *Topoi*. Aristoteles Institut, Bremen |
| 2007 | Roter Saal, Kunst & Museum Hollfeld (K ) |

2008    *ANDERNORTS*. Artgenossen GmbH, Lindlar

2009    *Fluchtpunkte*. Galerie im Bremer Medienhaus

2009    *RaumBewegung*. Kunsttreff Abbensen
(mit A. Strümpfler)

2010    *Raumfindung*. Produzentengalerie Kunstbox,
Bremen (mit I. Seemann)

2011    *Blickräume*. Galerie Stewner, Lübeck

2011    *Camouflage*. Galerie Am Stall, Hude
(mit Felix Weinold)

**Ausstellungsbeteiligungen / Auswahl**

1993    Weilburger Förderpreis für Bildende Kunst,
Altes Rathaus Weilburg (K)

1998    *WahnSinn-heute*. KUBO-Kunstpreis. KUBO Bremen (K)

1999    *Hallo mein Herz*.
Wilhelm-Fabry-Museum, Hilden

2000    Kunstpreis der Gemeinde Rastede für Malerei,
Palais Rastede (K)

2001    Galerie Neuwerk, Oldenburg

2004/05    *correspondence 04 bremen – riga*
Villa Ichon, Bremen und Kunstakademie Riga

2005    *11. Kunstausstellung Natur – Mensch*
St. Andreasberg und Schleiden (K)

2006    28. Internationale Hollfelder Kunstausstellung,
Hollfeld (K)

*Große Kunstausstellung 2006*
Kunsthalle Villa Kobe, Halle/Saale (K)

*Wenn in Walle die rote Sonne ...*
Hafenmuseum Speicher XI, Bremen

2007    *Große Kunstausstellung 2007*
Kunsthalle Villa Kobe, Halle/Saale (K)

Galerie und Künstlerhaus Spiekeroog